**rowohlts
monographien
herausgegeben
von
Kurt Kusenberg**

Benito Mussolini

**in Selbstzeugnissen
und Bilddokumenten
dargestellt von
Giovanni de Luna**

Rowohlt

Die Übersetzung einschließlich aller Mussolini-Zitate und die Anmerkungen
besorgte Frau Liselotte Giannachi-Mangels.
Ihre Hilfe und ihre enge Zusammenarbeit mit dem Autor hat das
Erscheinen dieser Monographie erst möglich gemacht.
Der Autor möchte ihr an dieser Stelle seine Anerkennung und
seinen Dank zum Ausdruck bringen.

Herausgeber: Kurt Kusenberg · Redaktion: Beate Möhring
Schlußredaktion: K. A. Eberle
Umschlagentwurf: Werner Rebhuhn
Vorderseite: Mussolini in der Uniform eines Annunzianten-Ritters
(Ullstein-Bilderdienst, Berlin)
Rückseite: Der Duce spricht (Slg. Capellino, Turin)

Veröffentlicht im Rowohlt Taschenbuch Verlag GmbH,
Reinbek bei Hamburg, November 1978
Copyright © 1978 by Rowohlt Taschenbuch Verlag GmbH,
Reinbek bei Hamburg
Alle Rechte an dieser Ausgabe vorbehalten
Satz Times (Linotron 505 C)
Gesamtherstellung Clausen & Bosse, Leck/Schleswig
Printed in Germany
680-ISBN 3 499 50270 4

Inhalt

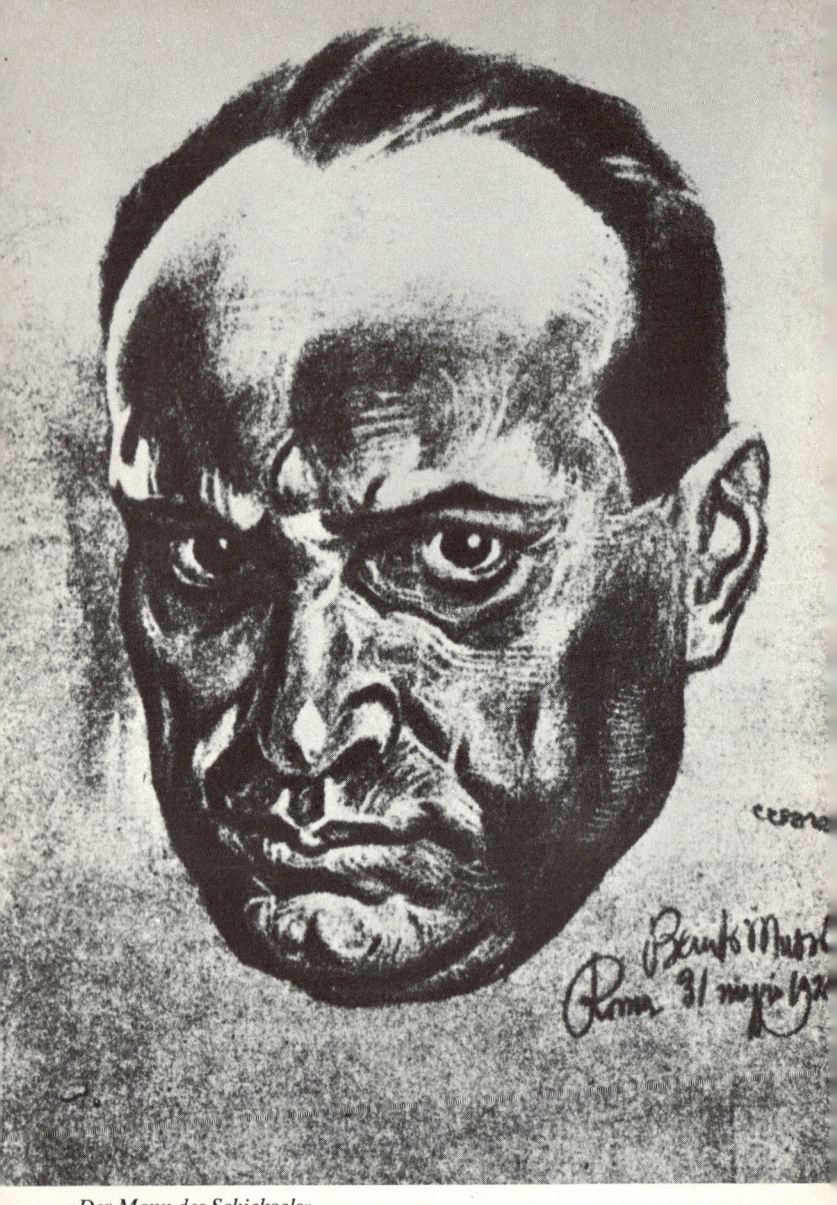

«Der Mann des Schicksals»
(Eine der sechzehn Postkarten, die das Regime in der Reihe «Das Antlitz Mussolinis» veröffentlichen ließ; mit eigenhändiger Unterschrift vom 31. Mai 1926)

Der Werdegang
eines Diktators (1883–1914)

«... Der Sozialismus ist eine subtile Harmonie aus Begriffen, Gedanken und Taten, ist Wegbereiter für den großen Wagen des menschlichen Fortschritts bei seinem Triumphzug zu dem erhabenen Ziel des Schönen, Rechten und Wahren ...»[1]*

So formulierte es Benitos Vater Alessandro Mussolini. Er war aus der Romagna, Sozialist, Internationalist und stand bisweilen unter Polizeiaufsicht; zuletzt kam er am 6. Juli 1902 mit 48 Jahren wegen Unruhestiftung bei Wahlen ins Gefängnis. Aber er gehörte auch viele Jahre lang dem Gemeinderat von Predappio an, einer Kleinstadt in der Provinz Forlì. Sein Sozialismus war gefühlsbetont und durch den Filter einer ziemlich unsystematischen Lektüre von Utopisten und Anarchisten gegangen, fußte aber auf soliden praktischen Erfahrungen, die er als Schmied in seiner bäuerlichen Umgebung von sozusagen technologisch «höherer Warte» sammeln konnte.

Er stammte aus einer ruinierten Bauernfamilie, in der man dem zerronnenen Wohlstand noch vage nachtrauerte. 1882 hatte er Rosa Maltoni geheiratet, eine Volksschullehrerin, die in Dovia, einem Ortsteil von Predappio, unterrichtete. Die 50 Lire des staatlichen Monatsgehalts seiner Frau bildeten die einzige feste Einnahmequelle der kleinen Familie. Als bekennende Katholikin und Tochter eines «Erfahrungs-Veterinärs» übernahm die junge Lehrerin alle prosaischen, konkreten Aufgaben des ehelichen Haushalts und überließ die Träume und politischen Leidenschaften ihrem ruhelosen Mann.

Verkrachte kleine Grundbesitzer, ein «Erfahrungs-Veterinär», der schmiedende Mechaniker, die junge Volksschullehrerin: unter diesen Randfiguren im ländlichen Italien der Jahrhundertwende erblickte am 29. Juli 1883 in Dovia das erste Kind von Alessandro und Rosa das Licht der Welt, Benito Mussolini. Sein vollständiger Name lautete: Benito Amilcare Andrea. Es war eine Huldigung an drei Idole des Vaters: den Mexikaner Benito Juárez, den Internationalisten Amilcare Cipriani und den Sozialisten Andrea Costa.

Benitos Erziehung war ausschließlich die Sache seiner Mutter, die ihm auch Lesen, Schreiben und Rechnen beibrachte. Bei der elterlichen Entscheidung, den Jungen für die Grundschulausbildung auf das Salesianer-

---

* Die hochgestellten Ziffern verweisen auf die Anmerkungen S. 143f.

Kolleg in Faenza zu schicken, überwanden die konfessionellen mütterlichen Einflüsse die politischen Überzeugungen des sozialistischen Vaters. Benito verließ das Elternhaus im September 1892, als er neun Jahre alt war. Der Junge hatte seine Kindheitsjahre in absoluter Freiheit auf dem Lande verlebt und dabei ein ausgesprochen starkes Temperament entwickelt; darum wurde der Zusammenprall mit der starren Salesianer-Hierarchie traumatisch für ihn. Die Armut der häuslichen Verhältnisse, die in der kleinen bäuerlichen Welt von Dovia gar keine Rolle gespielt hatten, trat ihm jetzt durch eine diskriminierende Behandlung und die Privilegien der reicheren Mitschüler brutal vor Augen. Sein Widerwillen gegen die strenge Internatsdisziplin führte zu einer Episode – er verletzte einen anderen Jungen mit dem Taschenmesser –, die dazu beitrug, seinen Aufenthalt in Faenza abzukürzen. Er kehrte im August 1894 nach Dovia zurück. Nach Abschluß der Grundschuljahre trat er wieder in ein – diesmal konfessionsloses – Internat ein; jetzt besuchte er in Forlimpopoli ein technisches Institut, das von Valfredo Carducci, dem Bruder des Dichters, geleitet wurde. Benito Mussolini war groß für sein Alter, stark, manuell geschickt und besaß eine rasche Auffassungsgabe; durch diese Eigenschaften hatte er großen Erfolg bei seinen Mitschülern. Auch seine schulischen Leistungen waren gut, insbesondere in den Fächern Ge-

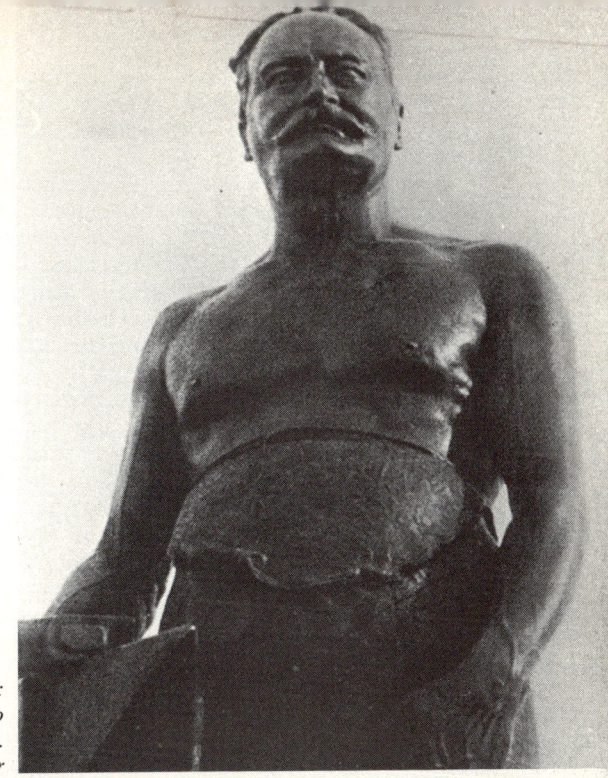

Der Vater:
Alessandro
Mussolini.
Bronzeskulptur

schichte, Geographie, Italienisch und Pädagogik. Als er nach drei Jahren
Lehrerseminar am 8. Juli 1901 das Lehrerdiplom erwarb, verfügte er im
wesentlichen über eine klassische, humanistische Bildung, wie sie damals
auf den italienischen Schulen sehr verbreitet war.

Er konnte sich schriftlich gut ausdrücken, und sein Stil ließ bald den
künftigen brillanten, polemischen Journalisten erkennen. Die Jahre in
Forlimpopoli brachten auch erste sexuelle Erfahrungen und Freundschaf-
ten mit Frauen. Entsprechend den Verhaltensmustern der jungen Italiener aus der Provinz frequentierte er das Freudenhaus und Ballsäle; er
vergnügte sich ohne größere Probleme und entwickelte dabei bald seine
eigene «Sexual-Philosophie», in der eine extrem objektivierte Frauen-
Konzeption vorherrschte. Bei diesen Zerstreuungen stieß er auch auf «die
Politik», die ihm schon aus Gesprächen mit dem Vater und aus dessen
Büchern bekannt war. Zum Tanzen ging man damals nämlich in die
sozialistischen Zirkel, in denen ein ebenso kriegerischer wie oberflächli-
cher Protestgeist an der Tagesordnung war. Seine Gedächtnisrede über
Giuseppe Verdi wurde sogar in der sozialistischen Tageszeitung «Avanti!» erwähnt, die in einer Reportage aus Forlimpopoli vom 1. Februar
1901 über «die beifällig aufgenommene Rede des Genossen-Studenten
Mussolini» berichtete. Zweifellos war er schon Sozialist, aber es war ein

9

präpolitischer, pubertärer Sozialismus. Fest ausgebildet waren bisher nur einige menschliche Eigenschaften wie Egozentrik, Gier nach Selbstbestätigung und Ablehnung aller Nebenrollen.

Er unterschied sich damals nicht wesentlich von anderen jungen Leuten mit einer abgeschlossenen Berufsausbildung auf der Suche nach der ersten Anstellung. Seine Hauptsorge und – gar nicht revolutionäres – Ziel war, eine «sichere» Arbeit zu finden. Er nahm erfolglos an den verschiedensten Ausschreibungen für eine Volksschullehrerstelle teil und kandidierte ebenso erfolglos für den Posten des Gemeindesekretärs von Predappio. Im Februar 1902 wurde Mussolini schließlich als Aushilfslehrer an der Grundschule von Pieve Saliceto in der Gemeinde Gualtieri Emilia[2] eingestellt. Diese Arbeit sollte von kurzer Dauer sein (bis Juni), denn eine leidenschaftliche Liebschaft mit einer verheirateten Frau löste einen Riesenskandal im Ort aus. Der Lehrauftrag wurde nicht verlängert. Diese kurze Erfahrung war aber ausreichend, um Mussolini die Fragwürdigkeit seiner didaktischen Berufung vor Augen zu führen. Die Aussicht auf eine monotone Karriere als Provinz-Intellektueller auf der Suche nach einer «festen» Anstellung schien ihm unerträglich. In diesem Sommer kam es dann zu einem ersten Aufschwung aus der Banalität seiner Jugendjahre. Mussolini entschloß sich ganz plötzlich, in die Schweiz zu emigrieren. Seine Abenteuerlust, die Begierde, eine Welt außerhalb der engen ro-

Das Geburtshaus in Predappio

Der Vierzehnjährige

magnolischen Provinz kennenzulernen, und der Ehrgeiz, eine befriedigendere Tätigkeit als die eines Volksschullehrers auszuüben, waren die Hauptbeweggründe.

Mussolini blieb – mit kurzen Unterbrechungen – zwei Jahre lang in der Schweiz, bis November 1904.

Es waren intensive, ausschlaggebende Jahre für sein politisches Engagement. Seine revolutionäre Militanz hatte damals noch keine persönliche Ausrichtung. Er betätigte sich als sozialistischer Propagandist und traf damit eine eindeutig «berufliche» Entscheidung, um seine schriftstellerischen und rhetorischen Gaben auszuwerten. Seine Antipathie gegen manuelle Tätigkeit war instinktiv: schon wenige Probetage als Maurergehilfe in Yverdon brachten ihn aus dem Gleis. Bisweilen half er noch beim Weinhändler oder in einem Delikatessenladen aus, ordnete sich aber eigentlich ganz spontan in der selbstgewählten Rolle eines «Intellektuellen» in die kleine italienische Emigrantengemeinschaft ein. Etwa einen Monat nach seiner Ankunft schrieb Mussolini den ersten Artikel für «Avvenire del lavoratore», die Zeitung der italienischen Sozialisten in der Schweiz. Am 24. August 1902 debütierte er als Redner in Montreux. Am 30. August wurde er Sekretär der italienischen Gewerkschaft der Maurer und Hilfsarbeiter in Lausanne.

Das neue Milieu war mit radikalem Extremismus durchtränkt, eine Folgeerscheinung der sozialen Randstellung der italienischen Emigranten. Es war gerade eine breitangelegte Serie gewerkschaftlicher Agitationen im Gang. In Bern, Basel, Genf, Nyon und Montreux mußte die italienische Gemeinschaft die frisch erkämpften Lohnerfolge mit Ausweisungen und Verhaftungen bezahlen. Der junge Mussolini schlug sich ganz natürlich auf die Seite der unnachgiebigen Revolutionäre, die damals in Italien durch Costantino Lazzari vertreten wurden. Er hegte tiefe Verachtung für den offiziellen Kollaborationismus der Schweizer Arbeiterbewegung und für die reformistische Involution des italienischen Sozialismus, für dessen ewige «Kompromiß»-Bereitschaft mit den Regierungen des liberalen Italien zu Anfang der Ära Giolitti. In einer seiner ersten, recht gewagten Definitionen des Sozialismus: . . . *Ziel und Bewegung (Kollektivierung des Eigentums, Klassenkampf) der Masse der Ausgebeuteten (Proletarier), die der gegenwärtigen besitzenden Klasse (Kapitalisten) durch Expropriation das zu nehmen streben, was den menschlichen Wohlstand ausmacht*[3], versuchte er auch, die Linientreue des Schweizer Sozialismus anzuzweifeln. Nicht die Verwaschenheit dieser Klassenanalyse brachte ihm Erfolg, sondern der aggressive Stil seiner Artikel, die den ungeteilten Beifall der Leser fanden. Im November 1902 hatte er schon neun Artikel für «L'Avvenire» geschrieben. Gleichzeitig intensivierte er seine Rednertätigkeit in allen Zentren der italienischen Gemeinschaft und erfreute sich bald einer gewissen Berühmtheit. Mussolini stand am Anfang seiner politischen Lehrzeit und hatte einen guten Start gehabt. Schon jetzt traten einige persönliche Eigenschaften hervor, die für seine ganze Laufbahn richtungweisend bleiben sollten. Von Organisation hielt er sehr wenig, maß aber der Propaganda allgemeiner Themen große Bedeutung bei. Gegenüber der «politischen Linie» hatten organisatorische Probleme nur eine untergeordnete Bedeutung. Seine Vorträge waren eher eine «Kaderschulung» als Proselytenmacherei.

Mussolinis Ausbildung zum militanten Revolutionär fehlte noch die obligate Gefängnis-Erfahrung. Diese Lücke wurde durch seine Verhaftung am 18. Juni 1903 in Bern gefüllt. Haftgrund war seine aktive Solida-

*Mussolini mit einer Gruppe von Revolutionären
während seines Schweizer Aufenthalts (1902–04)*

rität mit dem lokalen Tischlerstreik. Des Kantons verwiesen, konnte er in
Lausanne seinen jungen Ruhm mit dem Glorienschein eines Verfolgten
auffrischen. Mussolini stand jetzt im Mittelpunkt des Interesses; er
schrieb außer für «L'Avvenire» auch Beiträge für den «Proletario», eine
Zeitung, die von Giacinto Menotti Serrati in New York als offizielles
Organ der dort lebenden italienischen Sozialisten herausgegeben wurde,
und seit Oktober 1903 auch für «Avanguardia Socialista», die Wochenzeitschrift, die unter dem Einfluß von Arturo Labriola und Walter Mocchi
stand und das einflußreichste Organ des revolutionären Syndikalismus
Italiens war. Bis zu seiner endgültigen Rückkehr nach Italien entwickelte
er eine intensive intellektuelle und politische Aktivität. Mit seinen Über-
setzungen – «Die schwarzen Scharlatane» von A. H. Malot, «Am Tage
nach der sozialen Revolution» von K. Kautsky, «Les Paroles d'un révol-
té» von P. A. Kropotkin – näherte er sich einigen der lebhaftesten

Strömungen des marxistischen Revisionismus. Er ließ sich durch den Beitrag des Soziologen und Philosophen Vilfredo Pareto zum zweiten internationalen philosophischen Kongreß im Oktober 1904 in Genf dazu anregen, die Reformisten und die dogmatische Konzeption der Partei-«Einheit» anzugreifen, die von der II. Internationale sanktioniert worden war. Er forderte schon damals das Recht zur Spaltung für den Fall, daß die Einheit – ohne wahre Prinzipien und gemeinsame Inspirationen – zum repressiven Moment einer korrekten revolutionären Linie würde. Am 19./20. März 1904 nahm er als Genfer Delegierter der italienischen sozialistischen Sektion am VIII. Kongreß der Unione Socialista Italiana in Zürich teil und lernte bei dieser Gelegenheit Angelica Balabanoff und Giacinto Menotti Serrati kennen. Diese bedeutenden Exponenten der italienischen Arbeiterbewegung vermittelten ihm eine direktere Kenntnis des orthodoxen Marxismus. Mussolini besaß noch keine eigene Ideologie. Der Eklektizismus seiner theoretischen Bemühungen lief auf einen ziemlich eigenartigen und sehr persönlichen Sozialismus hinaus. Eine wichtige Rolle spielten die Hauptelemente der Klassenpolemik jener Zeit: Ablehnung des Militärs, des Kriegs und der Kolonialabenteuer; Haß gegen die Monarchie; Atheismus und Antiklerikalismus. In Diskussionen und öffentlichen Streitgesprächen (mit dem evangelischen Pastor Alfredo Taglialatela und dem belgischen Reformisten Émile Vandervelde), in Broschüren (sein *L' uomo e la divinità* wurde in Serratis Reihe «Biblioteca Internazionale di Propaganda Razionalista» veröffentlicht), in Artikeln hatte er immer wieder die Existenz Gottes geleugnet – *eine monströse Ausgeburt menschlicher Ignoranz* – und wütend den Katholizismus und die evangelische Botschaft angeprangert. ... *Christi Moral führt zu Vertierung, zu Feigheit.*[4] Seine Zielscheibe war der säkuläre Aspekt der Religion, die er als *Opium der Völker* ansah; hierin lag er übrigens im Widerstreit zur Auffassung der religiösen Problematik als «Privatangelegenheit», wie sie die II. Internationale auf dem Kongreß in Erfurt sanktioniert hatte. Antireformistische Polemik hielt diese bunte politische Linie zusammen, und Antireformismus war auch das Grundelement der Annäherung an den revolutionären Syndikalismus. In den Jahren 1903 und 1904 hatte die – von den Gewerkschaftlern Labriola und Mocchi inspirierte – Bewegung wichtige Positionen in Mailand und anderen Arbeiterstädten erobert und wesentlichen Einfluß auf die Beteiligung der Sozialisten am ersten italienischen Generalstreik (16.–21. September 1904) gehabt. Wichtig am Syndikalismus war für Mussolini das e t h i s c h e Moment seines Bruchs mit dem Reformismus und die Wiederentdeckung des Voluntarismus gegenüber dem positivistischen Determinismus. Ihn faszinierte die Praxis der direkten Aktion und des aufrührerischen Generalstreiks, die er dem parlamentaristischen Gradualismus und den legalitären Kämpfen der Gewerkschaften entgegensetzte. *Die sozialistische Partei macht niemand mehr Angst, seit sie sich auf die schiefe Ebene der Kompromisse begeben hat,* schrieb er gegen die reformistische Parteirichtung, *in höchsten konservativen Kreisen betrachtet man sie seelenruhig und beinahe liebäugelnd, denn die große Kranke wird ja stets legaler, harmloser und friedlicher, die Waffen des Kampfes werden immer höflicher. Oh, der Straßen-Sozialismus hat sich überlebt: Die Genossen stinken nicht mehr nach Petroleum . . .*[5] Das war keine Verherrlichung des Terrorismus; aber Mussolini bekannte sich schon bald zu einer eigenen Gewalttheorie, erfaßte die Realität der Klassenbeziehungen als Machtbeziehungen. Gewalt war notwendig, denn die Bourgeoisie würde niemals friedfertig und spontan auf die Herrschaft verzichten. Er schrieb: *Das anmaßende Verhalten der herrschenden Klassen verdeutlicht, daß sie den Tod unter Trümmern einer langen, langsamen und ruhmlosen Agonie vorziehen. Dann wird Gewalt nützlich, fruchtbar, entscheidend sein.* Aufstand war die bevorzugte Kampfform im Fall der Gewaltanwendung.[6]

Mussolini kehrte im November 1904 nach Italien zurück. Durch seine Mitarbeit bei «Avanguardia Socialista» war er hier schon recht bekannt. Auch von seinen Zusammenstößen mit der Justiz hatte die italienische Presse berichtet. Seine Ausweisung aus dem Genfer Kanton (9. April 1904) hatte einen «Fall» ins Rollen gebracht und den Schweizer Reformisten Wyss zu einer Anfrage beim kantonalen Gran Conseil veranlaßt. Die konservative römische Tageszeitung «La Tribuna» berichtete über den Vorfall und nannte Mussolini «den großen Führer der lokalen italienischen Sozialisten-Sektion». Selbst die Tageszeitung «Avanti!», das offizielle Organ der Sozialistischen Partei Italiens, schenkte ihm einige Aufmerksamkeit. Dann wurde seine Karriere jäh durch den Militärdienst unterbrochen. Als Mussolini sich zum Einberufungstermin für seinen Jahrgang nicht gestellt hatte, war er am 2. August 1904 «wegen einfacher Fahnenflucht» zu einem Jahr Gefängnis verurteilt worden. Aber anläßlich der Geburt des Thronfolgers Umberto gab es eine Amnestie, und so konnte er die Schweiz ohne strafrechtliche Konsequenzen verlassen. Eine Zeitlang hatte er den abenteuerlichen Plan gehegt, nach New York zur Redaktion des «Proletario» zu gehen, ihn aber wieder verworfen. Er stellte sich am 30. Dezember 1904 und wurde dem X. Bersaglieri-Regiment zugewiesen. Am Tag der Einziehung, dem 19. Februar 1905, starb seine Mutter. Es war das einzige bedeutende Ereignis in dieser Zeit.

Mussolini beendete am 4. September 1906 seinen Militärdienst, konnte die unterbrochene politische Laufbahn aber keineswegs gleich wieder aufnehmen. Viele Verbindungen waren abgerissen. Das Gespenst eines schlichten «Volksschullehrerdaseins» tauchte wieder auf. Im November 1906 unterrichtete er für 73 Lire Monatsgehalt eine zweite Grundschulklasse in Tolmezzo. Dieses Zwischenspiel dauerte bis August 1907 und war eine Zeit kolossaler Besäufnisse, stürmischer, aber sporadischer Liebschaften, völliger «Verschlampung». *Schon in den allerersten Tagen wurde mir bewußt, daß der Volksschullehrerberuf nicht der geeignetste für mich sei*[7], schrieb er. Nach Tolmezzo folgte eine weitere bedrückende Pause. Er blieb bis Februar 1908 arbeitslos. Dann fand er eine Stellung als Französisch-Lehrer und Erzieher am städtischen Kolleg von Oneglia in Ligurien. Die lange Unterbrechung seiner kulturellen und politischen Aktivität war damit beendet.

Mit einem Artikel über den Tod von Edmondo De Amicis begann Mussolini am 14. März 1908 seine Mitarbeit am lokalen sozialistischen Wochenblatt «La Lima», das von Serratis Bruder Lucio geleitet wurde. Noch immer war die journalistische Karriere sein Hauptziel. Damals schrieb er an Serrati: *Ich habe von Deinem Bruder Lucio gehört, daß man Dir die Leitung von «Provincia di Mantova» angeboten hat und daß Du wegen der Partei und aus persönlichen Gründen abgelehnt hast. Glaubst Du, daß ich den Posten haben könnte? Wenn ja, schlag mich doch vor, wenn nicht, sprich gar nicht erst darüber. Übrigens wäre ich bereit, ein wesentlich niedrigeres Monatsgehalt zu akzeptieren, als das Dir angebotene . . . um zu sehen, ob ich als Journalist einer Tageszeitung Fuß fassen kann . . .*[8] Die Artikel für «La Lima» sollten als Sprungbrett zur Wiederankurbelung seiner Karriere dienen. Sie waren noch an den Schweizer Erfahrungen, am Antiklerikalismus und dem Gewaltthema orientiert. Er zeichnete mit dem Pseudonym *Vero Eretico* (Eretico = Ketzer) und bewegte sich immer hart an der Grenze von Gotteslästerung und Obszönität. Allerdings hatte er seine theoretischen Überlegungen zum Gewaltbegriff vertieft und betrieb mit Eifer die Veröffentlichung seiner Übersetzung des berühmten Sorel-Artikels «Die Apologie der Gewalt». Er hatte eine naturalistische Konzeption der Gewalt: *Wir haben einen anderen Ideenbegriff. Für uns sind Ideen nicht abstrakt, sondern physische Kräfte. Wenn eine Idee sich in der Welt objektivieren will, geschieht das durch nervliche, muskuläre, physische Manifestationen. Gegensätzliche Ideen objektivieren sich in der Antithese, im Widerstreit; der aber wird gewaltsam vor sich gehen, denn die verwirklichende Kraft der Idee ist materiell*[9] – er kümmerte sich wenig um die Klassenursprünge und stand außerhalb der marxistischen Orthodoxie. Aber aus dieser Einstellung konnte er den wachsenden sozialen Radikalismus in Italien begreifen.

Als Mussolini im Juli 1908 am Ende des Schuljahrs nach Predappio zurückkehrte, geriet er mitten in den großen Tagelöhnerstreik, der sich gegen den «Arbeitsaustausch» richtete, einen alten Brauch, der Halbpächtern und Pächtern gestattete, sich gegenseitig bei solchen Arbeiten auszuhelfen, die traditionsgemäß den Tagelöhnern vorbehalten waren. Der während der Drescharbeiten entflammte erbitterte Konflikt war eine Ausgeburt verfilzter Klasseninteressen und hatte fließende soziale Fronten. Mussolini beteiligte sich an den Agitationen und bewunderte die Schärfe der Kampfformen. Er bekundete allerdings eine vollkommene Verständnislosigkeit für die materiellen Wurzeln des Konfliktstoffs zwischen Tagelöhnern und Halbpächtern. . . . *Hier ist das Dreschen nicht irgendeine Arbeit, sondern ein Fest, und um es mit einem berühmten Dichter zu sagen, das Korn-Fest,* schrieb er in einem Artikel am 8. August 1908. *Es hat die Feierlichkeit, die Lieder, das Gelächter, die Bankette und üppigen Umtrünke der Feste. Nur ungern fügten sich die Bauern der List von Gutsherren und Priestern, als sie die Tagelöhner auf ihre Dreschplätze ließen, Eindringlinge, die sie um die Gelegenheit zu einem zweiten Karneval brachten. Diese rückständige Psychologie macht uns den verbissenen Widerstand der Tagelöhner und die Grausamkeit ihres Verhaltens ver-*

ständlich.[10] Der oberflächliche Psychologismus dieser Analyse hinderte Mussolini aber nicht daran, selbst am Kampf teilzunehmen. Am 18. Juli wurde er in Forlì verhaftet, weil er einen Mann bedroht hatte, der Streikbrecher anwarb. Er wurde zu drei Monaten Gefängnis verurteilt und am 30. Juli vorläufig entlassen. Die kurze Gefängniszeit frischte seinen Ruf als unversöhnlicher Revolutionär auf. Nach sechs noch recht «privaten» Monaten – sein Vater kam damals mit der Geliebten Anna Guidi als Pächter einer Gastwirtschaft nach Forlì – wurde er auf Empfehlung von Serrati und Angelia Balabanoff als Sekretär der lokalen «Arbeitskammer» und Direktor der Zeitung «L'Avvenire del lavoratore» nach Trient berufen.

Für Mussolinis politische Karriere und weiteren kulturellen Werdegang begann hiermit eine kurze, aber wesentliche Phase. In dem maßvollen Milieu Trients mit seiner soliden klerikalen Vorherrschaft mußte er die übliche extremistische Polemik auf wohlfundierte Studien und Reflexionen gründen. Auch seine gewerkschaftlichen Sympathien erfuhren wichtige Klarstellungen. Er schrieb: *Das wäre der Tod für den Syndikalismus. Er darf nicht von Philosophen theoretisch erörtert werden, sondern*

Fotos von Mussolini aus der Schweizer Polizeikartei

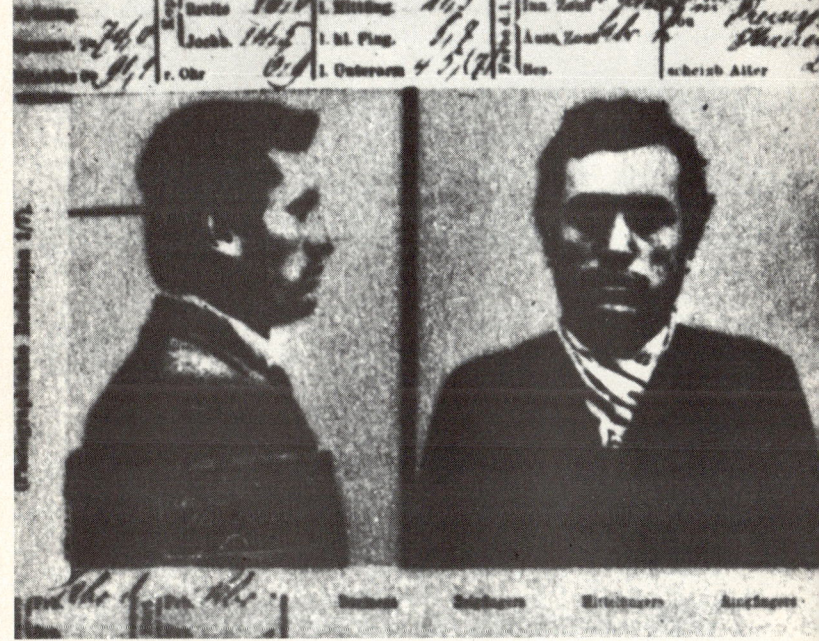

die Arbeiter müssen ihn machen. Ich glaube, eine durch gewerkschaftliche Praxis geläuterte Arbeiterschaft wird einen «neuen Menschencharakter» ausbilden.[11] Eine syndikalistische Theorie lehnte er ab, ebenso wie die Zurückführung von Begriffen wie «direkte Aktion» oder «Generalstreik» auf abstrakte Kategorien. Er bevorzugte eine Interpretation, die sich ausschließlich auf die Pr a x i s der direkten Aktion und des Generalstreiks gründete. Sein Aktivismus verleugnete den unsicheren Positivismus der Anfangszeit und war ausgesprochen idealistisch. Er schenkte den doppelsinnigsten, neuesten Stimmen der bürgerlichen Kultur dieser Zeit Gehör. Er war ein aufmerksamer Leser der von Giuseppe Prezzolini und Giovanni Papini gegründeten bürgerlichen Zeitschriften «Leonardo» und «Voce» [= Stimme], die er mit echtem Enthusiasmus akzeptierte, und stieß sich auch nicht an der von diesen vertretenen Idee der Klassenkollaboration. (*Entweder, man hat den Mut, ein drittes großes Italien zu schaffen, das nicht das Italien der Päpste und der Imperatoren ist, sondern das Italien der Denker, ein Italien, das noch nie da war; oder aber es bleibt im Kielwasser nur eine Spur von Mittelmäßigkeit zurück, und auch die wird der erste Windstoß wegwischen.*[12]) Auch Prezzolinis vitalistischer Elan begeisterte ihn: Kategorien, die dem Marxismus und der Tradition der Arbeiterbewegung fremd waren, für Mussolinis ideologisches Universum aber eine wichtige Rolle spielten. Er eignete sie sich sofort an, um sich von dem starren Dogmatismus zu lösen, den der Sozialismus vor allem in Italien vielen Problemen gegenüber zeigte. Während dieser Zeit in Trient erhielt er eine vertiefte und unschematische Kenntnis der «irredentistischen Frage» (Irredentismus ist das Verlangen der in Südtirol lebenden Italiener nach Angliederung; vgl. «terra irredenta» [= unerlöstes Gebiet]; die irredentistische Frage wird 1915 einer der Gründe für den italienischen Kriegseintritt). Mussolini selbst nannte als ein Beispiel für Internationalismus die Verkündigungen Christi, und das war in Anbetracht des Milieus recht geschickt gewählt. Sein ursprünglicher Antiklerikalismus verfeinerte sich, Atheismus und Ausfälle gegen die evangelische Botschaft wurden seltener. Vehement blieb allerdings Mussolinis Polemik gegen die politische und ökonomische Machtstellung des Klerus, eines wahren Klassenfeindes in der italienischen Gemeinschaft Trients. Noch einmal wurde dieses Thema zum Ausgangspunkt seiner journalistischen Erfolge. Unter seiner Leitung entwickelte sich «L'Avvenire del lavoratore» zu einer ausgesprochen lebendigen, kämpferischen Zeitung, die ihre Auflage steigern konnte. In sieben Monaten wurde die Zeitung elfmal beschlagnahmt und ihr Direktor sechsmal verurteilt. Dennoch brachte sie die ganze träge Provinzwelt in Schwung. Bevorzugte Zielscheiben waren die katholischen Zeitschriften, wie etwa die Tageszeitung «Il Trentino», die von Alcide de Gasperi und die Wochenzeitschrift «La Squilla», die von Don Costanzo Dallabrida geleitet wurde. . . . *Auf Eurer Tonsur werden meine Hände Zeichen hinterlassen, die gar nicht leicht zu tilgen sein werden,* schrieb er drohend an Don Chelodi, einen Redakteur des «Trentino». «Blutroter und kannibalistischer Religionsfresser» waren die Schmähantworten seiner Gegner. Niemand in Trient war so hitzige Reden gewohnt. Bereits im Juni hatte Staatsanwalt Tranquillini seine Ausweisung beantragt. Mussolini erwies sich als ansteckendes Beispiel und fand auch bei nichtextremistischen Kreisen Anklang. Am 2. August berief Cesare Battisti, der namhafte Führer der Reformisten Trients, Mussolini als Chefredakteur an seine Tageszeitung «Il Popolo» und zog ihn auch zur Mitarbeit an der wöchentlichen Beilage «La Vita Trentina» heran. Selbst das gemäßigte, liberale Organ der italienischen Gemeinschaft «L'Alto Adige» brachte Mussolinis Argumente. Die Polizeibehörden waren alarmiert. Nach positiver Stellungnahme des Wiener Hofs wartete man nur noch auf eine günstige Gelegenheit, um ihn auszuweisen. Am 10. September 1909 wurde er wegen «Aufreizung zu unmoralischen, gesetzwidrigen Handlungen und zu Haß und Verachtung der Staatsgewalt» verhaftet. In Wirklichkeit verdächtigte man ihn der Teilnahme an einem Terroristen-Komplott in Zusammenhang mit dem Diebstahl von 300 000 Kronen, geschehen am 29. August in einer Trienter Bank und just am Tag des «provokatorischen» Besuchs von Kaiser Franz Joseph in Innsbruck. Trotz der sozialistischen Mobilmachung, Androhung eines Generalstreiks und der Tatsache, daß er von der Anklage freigesprochen wurde, holte man Mussolini am 26. September aus dem Gefängnis in Rovereto und brachte ihn zur Grenze, wo ihm das Ausweisungsdekret verlesen wurde. Am 5. Oktober war er wieder in Forlì.

Die Bilanz der in Trient gesammelten Erfahrungen war positiv – noch erfolgreicher bei der Propagandatätigkeit als bei der organisatorischen Arbeit. Mussolini fühlte sich noch immer eher als Journalist denn als Politiker. Der politischen Militanz stand er weiterhin unentschlossen gegenüber. Statt dessen hatte er sich in Trient geradezu enthusiastisch mit literarischen Übungen befaßt, Novellen und Erzählungen in allen Stilarten geschrieben, von «Gruselgeschichten» à la E. A. Poe bis zu spätromantischen Gefühlsduseleien. In Forlì ging er jetzt sogar an die Abfassung eines historischen Romans: *Claudia Particella, l'amante del cardinale* [C. P., die Mätresse des Kardinals], einerseits aus zwingenden finanziellen Erwägungen, zum anderen, um seinen Antiklerikalismus wirkungsvoll anzubringen. Damals hatte er Geld verzweifelt nötig. Er war nämlich im Begriff, seine Lebensgemeinschaft mit Rachele Guidi zu begründen; das junge Mädchen war die Tochter der Geliebten seines Vaters. . . . *Am 17. Januar 1910 verband ich mich ohne offizielle, zivile oder religiöse Formalitäten mit Rachele Guidi*, schrieb er später schlicht. *Wir nahmen eine möblierte Wohnung in der Via Merenda . . . und verbrachten dort unsere Flitterwochen . . .*[13] Sowohl Mussolinis unmittelbare private Zukunft wie sein weiteres politisches «Schicksal» erfuhren eine Wende durch seine Berufung zum Direktor von «La Lotta di Classe» [Klassenkampf], einer neuen Wochenzeitung der sozialistischen Föderation von Forlì, die am 9. Januar zum erstenmal erschien.

In Forlì war der Sozialismus damals in einer kritischen Phase. Ohne namhafte Führer litt die Partei unter der starken Präsenz der Republikanischen Partei und deren solider Vorherrschaft unter den institutionellen

Linksparteien. Die Notwendigkeit, aus dem Nichts beginnen zu müssen, war jedoch für Mussolini eine gute Ausgangsposition. Dabei standen dem Siebenundzwanzigjährigen sowohl eine Zeitung als auch eine Organisation zur Verfügung: er war Direktor von «Lotta di Classe» und Sekretär der Provinz-Föderation.

Mussolini nahm die neue Rolle gleich mit der gewohnten Unduldsamkeit gegenüber bürokratischen und administrativen Aspekten in Angriff. *Ich kann nicht den Amtsdiener spielen!*, war seine Antwort auf den Vorwurf, er vernachlässige die Ausgabe von Parteibüchern. *Wenn sich die Sektionen eines armseligen Betrugs an der Föderation schuldig machen wollen, um so schlimmer für sie! Ich verliere nichts, da ich weder auf Kundensuche noch auf Stimmenfang aus bin. Ich kann nicht überall dabei sein, zumal wenn es sich um sinnlose persönliche Scherereien handelt; so etwas müssen die Sektionen selbst aus der Welt schaffen.*[14] Diesmal gab er aber eine theoretische Motivation für seine Geringschätzung der organisatorischen Probleme: *Wir stellen Qualität über Quantität. Lieber als die gehorsame, ergebene, idiotische Herde, die dem Hirten folgt und beim ersten Wolfsgeheul aus der Reihe tanzt, wollen wir einen kleinen, soliden Kern.*[15] Es war die Essenz einer «Minoritätstheorie», die später solche Formen annahm, daß die ursprüngliche Gleichgültigkeit den Massen gegenüber in Verachtung umschlug, und das mußte Mussolini unweigerlich der Arbeiterbewegung entfremden. Aber damals war seine Abneigung gegen eine «administrative» Parteiführung auch durch die wiedererwachte Begeisterung für den Journalismus bedingt. Für die Zeitung arbeitete er mit Enthusiasmus, ging technischen Details nach und begutachtete jeden Artikel. Er zog eine Wochenzeitung auf, die sich von den 200 anderen sozialistischen Provinzzeitungen wesentlich unterschied, viel Raum für die Themen der internationalen Politik ließ und die Formulierungen Gaetano Salveminis und auch nicht-sozialistischer kultureller Richtungen mit Interesse verfolgte. Seine Vorliebe für die «idealen» Fragen des Sozialismus und seine Gleichgültigkeit gegen das «wissenschaftliche» Hinterland und eine genaue Analyse der materiellen Klassenwidersprüche waren eindeutig. Die religiöse Problematik blieb weiterhin wichtig, erschien in seinen jetzigen Schriften aber differenzierter als zur Zeit des «Schweizer Extremismus». *Man muß den individuellen Glauben von der kultischen Praxis unterscheiden*, betonte er auf dem Kongreß der Sektion Forlì. *Der erstere ist überprüfbar; man kann auf ihn die Formel der deutschen Sozialisten anwenden: «Religion ist eine Privatangelegenheit». Kultische Fragen aber laufen auf eine direkte oder indirekte Unterstützung . . . der Kirche hinaus, die heute keine Gemeinschaft gläubiger Seelen mehr ist, sondern eine Hierarchie ökonomischen und politischen Charakters.*[16] Er widmete diesem Argument auch später noch mündlich und schriftlich seine Aufmerksamkeit. 1913 publizierte er den ehrgeizigen Essay *Giovanni Huss, il veridico* [Johannes Huß, der Wahrhaftige].

Mit der «institutionellen Frage» mußte er sich schon wegen der harten Polemik zwischen Sozialisten und Republikanern auseinandersetzen. Sein Standpunkt war «klassisch»: Monarchie und Republik waren im wesentlichen identische Formen, in denen sich die Klassen-Inhalte – Expropriation und Unterdrückung – der bürgerlichen Regime äußerten. Er griff die USA heftig an. *Der Klassenkampf in Amerika*, schrieb er im August 1912 als Apologie der italo-amerikanischen Gewerkschaftler Ettor und Giovanitti, *hat nicht die idyllischen, maßvollen Formen der italienischen Kämpfe; das ist ein kriegerisches Ereignis, fast stets ein blutiger Nahkampf zwischen Unterdrückern und Unterdrückten. Die demokratische, d. h. republikanische Regierungsform darf niemanden irreführen, sie ist nur Etikette und weiter nichts.*[17]

Immer häufiger behandelten seine Artikel diese Thematik. Die journalistische Arbeit beanspruchte fast seine ganze Zeit. Aber auch die Parteitermine durften nicht vernachlässigt werden. Die vordringlichsten Aufgaben waren die Reorganisation der Sektion Forlì und die Auseinandersetzung mit der republikanischen Hegemonie. Vor allem wollte er den Sozialisten wieder eine politische Identität verschaffen. Man mußte alle extremistischen Impulse mobilmachen und die Allianz – die «Blockbildung» – mit den Republikanern zurückweisen, da diese den schwächeren Gegner sonst langsam ersticken würden. *Im Wirtschaftskampf akzeptieren wir die Blockbildung. In der Tat muß die Organisation der Arbeiterschaft ein Block aller Ausgebeuteten sein, ohne Ansehen von Vaterland, Religion, Geschlecht und politischem Credo*, schrieb er am 4. Juni 1910. *Wenn aber die Blockbildung im Wirtschaftskampf eine natürliche Sache ist, weil nur eines verlangt wird, nämlich daß jemand ein Ausgebeuteter ist, wäre das im politischen Kampf, der ja im Grunde genommen die Äußerung doktrinärer Überzeugung ist, nicht möglich, ohne daß konträre Ideen aufgeopfert werden, wenn man sie auf den niedrigsten gemeinsamen Nenner reduziert.*[18] Während sich damals schon deutlich «der Politiker» abzuzeichnen begann, kam eine weitere Konstante seiner persönlichen Lesart des Sozialismus zum Vorschein: die abschätzige Einstellung zum Wirtschaftskampf im Vergleich zur «Politik». Gleichzeitig sorgte er im Innern der Partei für eine durchgreifende Säuberungsaktion. Nach längeren abstrakt-ideologischen Kontroversen setzte er durch, daß die Zugehörigkeit der Freimaurer zur sozialistischen Bewegung als «unvereinbar» erklärt wurde. Seine Kompromißlosigkeit brachte wieder eine militante Note in die Sozialistische Partei von Forlì. Als im Sommer 1910 der Zwist zwischen Tagelöhnern und Halbpächtern wieder aufflammte, konnte die Partei den Auseinandersetzungen mit den Republikanern geschlossen und entschieden begegnen. Das waren ohne Zweifel persönliche Erfolge Mussolinis; sie machten ihm den Sieg auf dem Kongreß der Sektion und auch auf dem Provinz-Kongreß leicht. Sein Programmpunkt einer *absoluten Unnachgiebigkeit*, der auch auf der Linie der revolutionären Fraktion lag, wurde selbst vom Kongreß der Region in Faenza einstimmig angenommen. Mussolinis Prestige als «Lokalchef» wurde auf dem nationalen Kongreß in Mailand (21.–25. Oktober 1910) anerkannt. Dennoch blieb sein Auftritt dort fast unbemerkt. Es war das erste Mal, daß er an einem Kongreß von allgemeiner Bedeutung teilnahm. Die Zeitungen kommentierten ihn mit ironischer Herablassung. Der Sieg der Reformisten war eindeutig. Die Tagesordnung Filippo Turatis erhielt 13 006 Stimmen, die von Costantino Lazzari 5928 und die von Giuseppe E. Modigliano 4547 Stimmen. Bei einer anschließenden Versammlung der revolutionären Fraktion plädierte Mussolini nachdrücklich dafür, die Partei zu verlassen. Seine Theorie einer Partei der *Wenigen, aber Guten* und seine Gleichgültigkeit gegenüber dem *Fetisch* der Parteieinheit machten ihn allen Abspaltungsplänen zugänglich. Der Vorschlag wurde aber damals abgelehnt.

Der Mailänder Kongreß hatte ihm alle Illusionen geraubt, daß man die Partei – *den großen Kadaver* – von innen her neu beleben könnte. Als während der Krise des Kabinetts Luzzatti im März 1911 der Reformistenführer Leonida Bissolati zu «Konsultationen» mit dem König zusammentraf, wollte Mussolini seinen Plan des Bruchs mit der Partei erneut lancieren: *Wenn der Parteivorstand, wie es leider scheint, nicht den Mut hat, Bissolati und sein Höflingstum ganz entschieden zu desavouieren,* schrieb er, *dann verlassen wir die Partei.*[19] Am 11. April proklamierte die Sektion Forlì ihre Autonomie, am 23. April folgte die ganze Föderation. Bei diesen Entscheidungen hatte Mussolini rein lokale Töne angeschlagen, nur auf die örtlichen Kräfte bauend. Auf nationaler Ebene hatte die revolutionäre Fraktion sich denn auch nicht im geringsten in die Spaltung hineinziehen lassen. Deshalb achtete er darauf, daß sich die Folgen des Bruchs nicht zu einer scharfen Partei-Alternative verschärften und hielt alle Verbindungen aufrecht: *Es geht nicht darum, hier eine neue politische Fahne zu hissen, sondern die alte sozialistische Fahne vor der Entehrung durch jene zu bewahren, die sich unter ihren Falten angesammelt hatten . . .*[20] In dieser Phase, die beachtlichen Veränderungen im Innern der Partei voranging, lief er Gefahr, insbesondere wegen seiner Unerfahrenheit in den Kongreßpraktiken auf eine agitatorische Rolle in der Minderheit festgelegt zu werden. Aus dieser Verlegenheit sollte ihn der Krieg mit Libyen befreien, der ihm eine Gelegenheit bot, sich zu profilieren. Als die linke Opposition am 25. September 1911 vom italienischen Ultimatum an die Türkei in Kenntnis gesetzt wurde, fand sie nur schwache, wenig überzeugende Antworten. Die größte Gewerkschaftsorganisation Italiens, die Generalföderation für Arbeit, proklamierte zwar für den 27. September einen Generalstreik, aber ohne ihn vorzubereiten oder zu leiten. Die Bewegung fand denn auch nur in wenigen Zonen, beispielsweise in der Romagna, dank der revolutionären Syndikalisten lebhafte Beteiligung.

Für Mussolini ergab sich dadurch eine gute Chance, seinen alten Antimilitarismus mit einer Volksmobilmachung für den *antipatriotischen Kampf* zu verbinden. Ein Jahr zuvor, am 2. Juli 1910, hatte er geschrieben: *Wir werden im Kriegsfall nicht an die Grenze eilen, sondern den Kampf im Innern entfesseln.*[21] Jetzt, am 25. September, wiederholte er: *Wir warten die Ereignisse vertrauensvoll ab. Fast immer leitet der Krieg die Revolution ein.*[22] Am 26. und 27. September führten die Sozialisten und Republikaner Forlìs in solider Einheitsaktion «von unten» in aufrührerischer Stimmung die Agitationen gegen den Krieg. Am 30. September schrieb Mussolini: *Zwei Tage und zwei Nächte lang war das anonyme, ausgebeutete, verachtete Volk unumschränkter Herrscher auf Straßen und Plätzen der Stadt. Die sozialistischen Arbeiter haben genug vom Pazifismus. Noch ein paar Jahre guter Propaganda, und diese Menge wird zu großem Heroismus und fruchtbaren Opfern bereit sein.*[23] Die Heftigkeit und Vereinzeltheit der Agitationen führten unweigerlich zur Repression. Mussolini wurde am 14. Oktober zusammen mit den Republikanern Pietro Nenni und Aurelio Lolli verhaftet. Das Urteil lautete auf ein Jahr Gefängnis. In der Berufung wurde die Strafe auf fünfeinhalb Monate herabgesetzt. Am 14. März 1912 konnte Mussolini das Gefängnis wieder verlassen.

Man stand jetzt kurz vor dem Kongreß von Reggio Emilia (7.–10. Juli 1912), der im Innern der Sozialistischen Partei die Tendenzwende zum Extremismus sanktionierte, die sich freilich schon seit der großen Wirtschaftskrise von 1907 angebahnt hatte. Mussolini war mit der Föderation Forlì in den Schoß der Partei zurückgekehrt und bereitete die Auseinandersetzungen sorgfältig vor. Seine plötzliche Konversion zur inneren Schlacht stand in unmittelbarem Zusammenhang mit der Lehre, die er in den Septembertagen von Forlì erhalten hatte. Der Krieg mit Libyen, der dem «sozialen Frieden» der Ära Giolitti ein Ende gesetzt hatte, ließ die scharfe Zuspitzung der Klassengegensätze noch deutlicher hervortreten. Die revolutionären Möglichkeiten der Bewegung und die präventiven Restaurationspläne des Bürgertums beschnitten alle reformistischen Vermittlungsversuche schon an der Wurzel, höhlten die «Kompromißpolitik» von innen aus. Jetzt, da sie sich wieder an maximalistischen Hypothesen orientierte, konnte man im Innern der Partei Raum gewinnen.

Mussolinis Auftreten auf dem Kongreß erregte Aufsehen. Ton und Inhalt seiner Rede erweckten Befremden oder Enthusiasmus, auf jeden Fall aber Emotionen. Er gab eine klare Analyse der Beziehungen Reformen/Revolution, bürgerliche Demokratie/Sozialismus, stets mit Blickrichtung auf ein allgemeines Wahlrecht: . . . *Die Einführung des allgemeinen Wahlrechts muß dem Proletariat klarmachen, daß dies keine ausreichende Waffe ist, um die völlige Emanzipation zu erreichen. Das Bürgertum muß seine politische Parabel ebenso durchlaufen wie den ökonomischen Zyklus.* Mitleidlos war auch seine Anklage gegen die parlamentarische Fraktion: . . . *Eure politische Autonomie muß ein Ende haben. Man kann Euch die technische Autonomie belassen, aber nicht die politische. Die Delegierten haben der Parteileitung zu gehorchen.*[24]

Er besaß auch genügend taktische Klugheit, seinen neuen Glauben an die Notwendigkeit der Parteikontinuität zu bekennen. Er beantragte und erreichte die Ausschließung der rechten Reformisten Bissolati, Bonomi, Cabrini und Podrecca, die nach dem Attentat des Anarchisten Antonio D'Alba der «Königshuldigung» beschuldigt wurden. Das war ein voller Erfolg für Mussolini, der in seiner Wahl in den Parteivorstand gipfelte. Aber hiermit nicht genug: Bei der Vorstandssitzung vom 8. bis 10. November 1912 wurde er auf Vorschlag von Costantino Lazzari zum Direktor des offiziellen sozialistischen Parteiorgans «Avanti!» berufen. So erlebte er im Alter von 29 Jahren, daß einer seiner größten Wünsche in Erfüllung ging; neun Monate nach der Entlassung aus dem Gefängnis war er zu einem Amt von enormem Prestige aufgestiegen. Aber das Erstaunen seiner Feinde und selbst seiner Freunde war durchweg ungerechtfertigt. Schon Claudio Treves, einer der intelligentesten Reformisten, hatte die «persönliche» Note in der Blitzkarriere Mussolinis erfaßt und seinen «revolutionären Idealismus» betont, seine Rückkehr zum «alten, klassischen Revolutionarismus», der seinen Formulierungen größere Sicherheit verlieh, wenn man sie mit den neuen Experimenten verglich, welche die Reformisten versuchten.

In Wirklichkeit machte die PSI eine tiefgreifende Identitätskrise durch. Die Verwirrung war größtenteils an ihre strukturellen Wurzeln geknüpft. Die Krise, und zuvor schon die intensive kapitalistische Entwicklung, hatten zu bemerkenswerten Veränderungen in der italienischen Klassenlandschaft geführt. Diejenigen, die sich mit der Linie des «Kompromisses» identifiziert hatten, verloren alle Bedeutung. In den großen Arbeiterkonzentrationsgebieten des Nordens erwuchs ein Industrie-Proletariat, das sehr an die Fabriken gebunden und für eine neue Revolutionsthematik empfänglich war. Völlig ungelöst war das Problem, einen sozialen Partner zu finden, der den eigenen programmatischen Formulierungen konkrete Wirksamkeit verschaffen könnte. Mussolini nahm das Problem nicht in Angriff. Er umging es. Aber wo die anderen bei wirrem Gestammel in der Diskussion um die Frage Reform oder Revolution stehenblieben, baute er auf seinen ideologischen Eklektizismus und seine kulturelle Lebendigkeit, die ihm die dynamischsten Strömungen am Rande des Marxismus zugänglich gemacht hatten. Hinzu kam noch die inzwischen gefestigte «Theorie der Aktion». Die Unsicherheit der übrigen Führer setzte sich bei Mussolini in aktivistische Verkündigung um. In den beiden folgenden Jahren, als er Direktor des «Avanti!» war, konnte er als populärster Führer der Sozialistischen Partei gelten.

Während dieser Zeit kann uns die Biographie Benito Mussolinis als Schlüssel zur Interpretation der Tumulte im Innern der sozialistischen Bewegung Italiens dienen. Die ganz privaten, rein persönlichen Aspekte seines Lebens waren Nebensache. Die Palette seiner Liebschaften war umfangreicher geworden. Seine sentimentalen Experimente reichten von der exotischen, platonischen Beziehung zur anarchischen Dichterin Leda Rafanelli bis zu einem stürmischen Verhältnis mit der Trientinerin Ida Dalser, die durch die Geburt eines Sohnes, Erpressungen und gegenseitige Einschüchterungen kompliziert wurde. Bei 500 Lire Monatsgehalt und einem leidlichen Auskommen akzeptierte er die Übersiedlung von Rachele Guidi mit der ersten Tochter Edda und der alten Schwiegermutter nach Mailand. Aber seine reale Dimension war die «öffentliche» als Direktor einer Zeitung, die für die ganze politische Welt Italiens richtungweisend war.

Mussolini besaß nicht die Schulung für eine vollkommene Klassenanalyse. Er wußte ebensowenig wie die anderen Sozialistenführer, welche

Schichten im Innern des Proletariats die Avantgarde der Revolutionsmassen darstellen könnten. Nach dem Krieg wird er dieses Problem aus entgegengesetzter Sicht in Angriff nehmen. Aber schon damals merkte er instinktiv, daß man für einen Wiederaufschwung der Partei ganz andere Kreise ansprechen müßte als die Arbeiter und die «guten, verfolgten» Handwerker aus der sozialistischen Begriffswelt. Er begriff, daß man der Bewegung die Leute zurückgewinnen müßte, die von den «Wohlanständigen» allzu leichthin als Pöbel abgestempelt wurden. «Was soll eigentlich diese neuerliche Zurückhaltung dem Pöbel gegenüber?» hatte Giuseppe Prezzolini am 28. Juni 1914 in «Voce» geschrieben. «Daß rechtschaffene Kaufleute, denen man die Schaufenster eingeworfen hat, protestieren, ist ja verständlich, aber daß die subversiven Leute aus den ‹Parteien der Unruhe› ihre Eigenverantwortung von der des Pöbels trennen möchten, ist eine Sache, von der man nicht weiß, ob sie Ärger oder Mitleid erregen sollte . . . Kann man denn Revolution ohne den ‹Pöbel› machen? Wir glauben das nicht.»[25] Und Mussolini war genau der gleichen Ansicht, wie Renzo De Felice berichtet. Mit diesem Hinweis warf er alle Kriterien um, auf deren Grundlage die Reformisten und die «Generalföderation der Arbeit» entschieden, ob sie die einzelnen Agitationen, die fast überall mehr oder weniger spontan ausbrachen, billigen oder ablehnen sollten. Der «Avanti!» unterstützte beispielsweise den Kampf der Mailänder Automobilarbeiter im Frühjahr 1913, an dem nur eine namhafte Gewerkschaft beteiligt war, die USI, die Organisation der Anarcho-Syndikalisten. *Wir können uns die Massen nicht entfremden. Wir müssen auf sie hören. Wir werden sie zu uns heranziehen. Nach Beendigung des Streiks werden wir diskutieren . . .*[26], schrieb Mussolini. Es war ein moderner Arbeitskampf, in dem die Arbeiter schon eine ähnliche Rolle spielten wie später in den großen Fabriken nach Kriegsende. Dieser Aspekt entging Mussolini, auch interessierte ihn wenig, ob der Kampf siegreich endete, ob die Kampfziele erreicht wurden. Am 18. Juni 1913 schrieb er: *Die Tatsache, daß er stattfindet, ist der größte Sieg des Generalstreiks. Ein moralischer, idealer, unbestreitbarer und auch dann noch großer Sieg, wenn er nicht von Konzessionen der Präfekten gekrönt wird.*[27] Mit ähnlichem Enthusiasmus hatte er im Februar den Generalstreik in Neapel gepriesen, der von so völlig andersartigen sozialen Protagonisten getragen wurde, daß selbst Serrati sich fragte, wie Mussolini «eine Plebs bewundern könne, die ein Jahr zuvor dem Krieg mit Libyen applaudiert hatte und sich zur Lösung ihrer Probleme an San Gennaro und König Lotto wandte»[28]. In Wirklichkeit stand Mussolini mit seiner Aufgeschlossenheit für alles «Neue», das während der Giolitti-Krise aufgetaucht war, auch in der unnachgiebigen Fraktion isoliert da.

Er verhielt sich sehr unduldsam gegenüber dem «Programm» und dem Konkretismus Serratis und dessen Interesse am «Wirtschaftskampf». In Mussolinis Schema der Kampfformen war wenig Raum für Ziele. Das zentrale Element blieb die Gewalt, der Boden, auf dem die sozialen Klassen Italiens sich zum entscheidenden Zusammenstoß rüsteten. Turati nannte ihn infantil: «Wollen wir wieder Kinder werden?»[29] Claudio

Treves fand ihn reaktionär und erinnerte ihn, daß «. . . der klassische marxistische Determinismus die Klasse, welche die Stärke verkörpert, den Gruppen gegenüberstellt, welche die Gewalt darstellen, weil er eine Doktrin der Revolution und nicht der Revolte ist . . .»[30]. Das waren formale Etiketten. Treves' schulmeisterliche Unterscheidung zwischen Gewalt und Stärke erwies sich als untauglich, das Problem des spontanen Radikalismus der Kämpfe in jenen Jahren anzupacken. Die Reformisten verschenkten entscheidendes Kampfgebiet an ihre Gegner und schlossen sich selbst von jeder wichtigen Rolle aus. «Was soll das eigentlich heißen Magie? Utopie? Sport? Literatur? Romanze? Neurose? Sozialismus ist das bestimmt nicht . . .»[31]

Gewiß war es das nicht. Gefestigte Doktrin war es nur im Verneinen, etwa der «geheiligten Prinzipien von 1889, des Parlamentarismus, Demokratismus, Reformismus». Aber durch den *Primat der Aktion* stand er jeder politischen Lösung offen, von der reaktionären zur absolutistischen und revolutionären.[32] Im wesentlichen war es Aktivismus, der aber einen direkten Zugriff auf die Massen besaß und auch in seiner Begrenztheit ausreichte, um dem «guten alten evolutionistischen und demokratischen Positivismus»[33] Schwierigkeiten zu bereiten und ihn auszupunkten. Der reformistische Apparat, den Treves beim «Avanti!» geschaffen hatte, wurde beiseite gefegt. Der «Pöbel» kam scharenweise zur Partei, in zwei Jahren deren Mitgliederzahl verdoppelnd; Gleichgewichte und Hierarchien wurden über den Haufen geworfen. Der Erfolg der neuen Linie drückte sich auch in Wahlergebnissen aus: bei den Wahlen im Oktober und November 1913 erzielte die Sozialistische Partei eine Million Stimmen und 53 Delegierte und stieg damit zahlenmäßig von 8,1 auf 11,3 Prozent. Mussolini hatte sich in dem «hoffnungslosen» Wahlkreis Forlì aufstellen lassen, wo er denn auch von dem republikanischen Kandidaten Gaudenzi geschlagen wurde. Aber niemand hätte die Verdienste des «Avanti!» in Abrede stellen können. Der Kongreß von Ancona, 26.–29. April 1914, war die bürokratische Anerkennung seiner Bedeutung im Innern der Partei. Aber der «eigentliche Kongreß von Ancona» fand erst einige Monate später während der r o t e n W o c h e im Juni 1914 statt. Es war eine entscheidende Wende in der persönlichen Biographie Mussolinis und für die sozialistische Bewegung Italiens.

Der aufhaltsame Aufstieg (1914–1925)

Am 7. Juni 1914 kam es in Ancona zu schweren Zusammenstößen, als die Truppen eine antimilitaristische Kundgebung sprengen sollten. Es gab drei Tote und Dutzende von Verletzten. Die spontane Antwort auf das Blutbad war die Proklamation des Generalstreiks, der in den Regionen Toskana und Marche zum Volksaufstand ausartete. Offiziell erfolgte die Streikverkündigung erst am 9. Juni durch die «Confederazione Generale del Lavoro», die größte gewerkschaftliche Organisation des Landes; diese bestimmte auch, daß der Streik bis Mitternacht des 11. Juni dauern sollte. Aber noch zwei Tage nach dem festgesetzten Termin schwelten einzelne Unruheherde. Es ging weder um Lohnforderungen noch gab es eine klare allgemein-politische Perspektive. Ohne festumrissene, zentrale Richtung war der Streik eher Ausdruck eines verworrenen Machtanspruchs: des Wunschtraums der Massen nach einer politischen Wende. Ausmaß und Radikalität der Kampfformen genügten aber, die «große Angst» der Bourgeoisie zu erneuern. Die bevorstehende Gefahr ließ sie ihre Klasseneinheit wiederfinden und bewirkte, daß auf sozialem Niveau Gegensätze ausgeglichen wurden, die allerdings auf der anderen Seite die institutionelle Krise des liberalen Staates noch ausweiteten.

Diesen neuen vitalen Fermenten im bürgerlichen Lager standen Ohnmacht und Unsicherheit bei den Sozialisten gegenüber. Seit Jahren hatten sich die Hoffnungen der Revolutionäre an den «Aufstand» geknüpft, ihn hatten sie als einzige Kampfform für die Machtergreifung gesehen. Ganz deutlich zeigten nun die Juni-Tage noch einmal das Scheitern dieser Perspektive und verwiesen auf den obligatorischen Weg «langer Zeiten», auf die Anwendung komplexerer sozialer und politischer Strategien. Das Proletariat war isoliert gewesen; im strukturellen Klassengefüge der italienischen Gesellschaft erschien sein spezifisches Gewicht zu niedrig. Die politische Vorherrschaft zu erringen erwies sich als sehr schwierig, sie schien jedenfalls in weite Fernen gerückt. Viele «Weggenossen», gerade unter den radikalen Kleinbürgern, suchten einen stärkeren Schirmherrn und näherliegende Realisierungsmöglichkeiten. Das politische Projekt der bürgerlichen Restauration hatte wieder den Reiz der gewinnenden Karte und machte scheinbar felsenfeste Überzeugungen wankend. Der kollektive Prozeß riß überzeugte Demokraten ebenso mit wie unnachgiebige Sozialisten vom Typ Mussolinis.

Seine Reflexionen über die «rote Woche» erschienen in der Juli-Nummer von «Utopia», einer theoretischen Zeitschrift, die er im November 1913 gegründet hatte. In Mussolinis Artikeln über den Aufstand, das Ende des sozialen Friedens der Giolitti-Ära und die Notwendigkeit einer neuen politischen Einheit der Arbeiterbewegung tauchten jetzt neue Elemente auf. Die Notwendigkeit einer Revolution (. . . *Italien braucht eine Revolution und bekommt sie auch*) war frei von Hinweisen auf deren etwaige Protagonisten. Die Aufmerksamkeit, die er Anarchisten, Republikanern und anderen Linken widmete, gründete sich auf ein ziemlich strenges Urteil über die Führungsqualitäten der Sozialistischen Partei Italiens (PSI). Es waren erste Anzeichen für einen Revisionsprozeß, den der Ausbruch des Weltkriegs rapide beschleunigen sollte.

Mussolinis Einstellung zum Krieg war zunächst recht orthodox. Er schrieb am 25. Juli 1914: . . . *Für das italienische Proletariat ist der Tag gekommen, der alten Losung «Keinen einzigen Mann und keinen Pfennig Geld!» die Treue zu beweisen.*[34] Er war für «absolute Neutralität» und lag damit auf einer Linie mit der gesamten Parteiführung, die sich am 3. August in diesem Sinn aussprach. Das war keine Alternative zur Politik der Regierung Salandra, denn noch am gleichen Tag erfolgte die offizielle Erklärung der italienischen Neutralität. Nach dem Verzicht der Sozialisten auf Androhung eines Generalstreiks, um das Land zur Neutralität zu bewegen, fehlte es der Parteiführung an Instrumenten, um sich inhaltlich von der Entscheidung der Konservativen und Regierungszirkel abzusetzen. Nach und nach verzichtete man auch auf eine Vertiefung der Debatten über die Kampfformen, an die das Neutralitätsziel gebunden sein sollte, und paßte sich ziemlich subaltern den Diskussionstönen der Bourgeoisie an. Es kam zu ausführlichen Darlegungen über «gerechten» und «ungerechten Krieg», über Angreifer und Angegriffene; man steckte also gegenüber einer Klassenlinie zurück, während sich gleichzeitig die Ereignisse dramatisch überstürzten: die II. Internationale war aufgelöst, die sozialistischen Parteien der Länder, die in den Konflikt verwickelt waren, hatten überall für die Militärkredite gestimmt, der Überfall auf Belgien war erfolgt, der Krieg hatte Riesendimensionen angenommen. Im Innern der Partei erhielten die Fronten neue ideologisierende Orientierungspunkte, die von den materiellen Bedingungen der Massen unabhängig waren. Die Offensive, die das Bürgertum unter dem Schirm der Mobilmachung an der Lohnfront und auf politisch-institutioneller Ebene abrollte, wurde wenig beachtet. Mussolini schrieb: . . . *Angesichts des europäischen Kriegs haben die alten Spaltungen im Innern der Partei jeglichen Gehalt und Wert eingebüßt: die Lager sind in Auflösung, die Männer in Bewegung geraten, und sie folgten hierbei den Kriterien größerer oder geringerer Übereinstimmung mit ihrer historischen Einschätzung der Lage.*[35] Diese «idealistische» Atmosphäre trug sehr dazu bei, seine Konversion zu beschleunigen. Eine Stellungnahme zugunsten absoluter Neutralität war unhaltbar geworden. Mussolini machte den Verfechtern der westlichen Demokratien bald weitgehende Zugeständnisse. Am 16. August schrieb er, daß . . . *der Unterschied zwischen dem Regime der Junker und dem der französischen Demokratie wohl nicht ganz zu vernachlässigen*[36] sei. Die Scheidung zwischen Angriffs- und Verteidigungskrieg hatte inzwischen auch bei den Wortführern der unnachgiebigen Linie Gehör gefunden. Der Maximalist Costantino Lazzari billigte schließlich die Mobilmachung für den Fall, daß es zu einem Verteidigungskrieg kommen sollte.

Ohne Zögern schlugen sich bedeutende Vertreter der Linken, Republikaner, Radikale, Anarchisten und die Gewerkschaftler unter der Leitung von Alceste De Ambris und Filippo Corridoni auf die Seite der Interventionisten. Die Propaganda der Reform-Sozialisten Cesare Battisti und Oddino Morgari entwickelte lebhafte Aktivität. Nach der «roten Woche» waren diese Leute Mussolinis bevorzugte Gesprächspartner. Das Unbehagen, mit dem er weiterhin im «Avanti!» die Neutralitätskampagne betreiben mußte, war also ganz gerechtfertigt. Er leitete eine Kriegsdiskussion der Parteimitglieder ein; er befragte die Basis durch Referendum: *seid Ihr für den Krieg oder gegen den Krieg?* Er stand unter einem Druck, der von den verschiedensten Kreisen ausging: von dem «Leonardo»-Herausgeber Giuseppe Prezzolini bis zu den Futuristen, von den Anarchisten bis zu dem Reform-Sozialisten Leonida Bissolati. Am 21. September 1914 veröffentlichte die sozialistische Parteidirektion ein Manifest, um ihre absolute Neutralität zu bekräftigen. Es stammte aus Mussolinis Feder und triefte von extremem Neutralismus: . . . *allein gegen alle bleibt die Sozialistische Partei immun gegen die allgemeine Ansteckung* – und offenbarte seine heftige defensive Verlegenheit. Am 4. und 7. Oktober erschienen in den Zeitungen «Giornale d'Italia» und «Resto del Carlino» bloßstellende Artikel, in denen die Verfasser auf den Widerspruch zwischen Mussolinis privat so häufig geäußertem Interventionismus und der hartnäckig verfochtenen offiziellen Partei-Neutralität aufmerksam machten. Diese Enthüllungen erregten Aufsehen und veranlaßten Mussolini zum entscheidenden Absprung. Am 18. Oktober veröffentlichte er im «Avanti!» den Artikel *Dalla neutralità assoluta alla neutralità attiva ed operante* [Von der absoluten zur aktiven und strategischen Neutralität]. Darin hieß es: . . . *Um einen Krieg zu vermeiden, muß man den Staat – revolutionär – stürzen.* Es handelte sich um eine Alternative, die er für sich schon entschieden hatte. Die proletarische Revolution war nicht machbar, also blieb nur der Krieg. Mit dieser Einstellung trat er am 21. Oktober vor das Direktorium in Bologna. Er lehnte alle Kompromißversuche ab und benahm sich wie jemand, dessen Entscheidung seit langem feststeht. Er fühlte sich bereits als Außenstehender. Anders als bei der früheren Parteispaltung (1910 in Forlì) tat er diesmal gar nichts, um Verbindungen aufrechtzuerhalten oder die Basis miteinzubeziehen. *Daß ich mit dem festen Vorsatz nach Bologna gegangen bin, eine Situation auf die Spitze zu treiben, die mir immer unhaltbarer zu werden schien, ist völlig richtig,* schrieb Mussolini am 27. Oktober 1914 im «Avanti!»[37]. Nicht Spaltung oder Bruch also: diesmal war es eine Kriegserklärung. Sie stützte sich auf folgende Elemente: die sozialistische Partei war «erledigt», der Krieg aber die große Chance, seinen Wunsch nach Selbstbestätigung in die Tat umzusetzen und eine politische Umwälzung herbeizuführen, bei der seine politische Intelligenz und seine fundierten Kenntnisse der Massenpsychologie eine entscheidende Rolle spielen konnten. Er trat sofort als Direktor des «Avanti!» zurück. Es dauerte keine drei Wochen, bis am 15. November 1914 die erste Nummer seiner Tageszeitung «Popolo d'Italia» erschien. Am 24. November befürwortete die Mailänder Sektion der Partei seine Ausstoßung.

Trotz Mussolinis Popularität hielten sich die Folgen seines Rausschmisses in Grenzen. Er selbst hatte kaum die Absicht gehabt, die sozialistische Basis als unbequeme Weggefährtin auf seinem «aufhaltsamen Aufstieg» mitzuschleppen. Zu Mussolinis Isolierung trugen aber zweifellos auch die Verdachtsmomente über die Herkunft der Mittel für die neue Zeitung bei. Tatsächlich hatte es Subventionen für seinen «Popolo d'Italia» gegeben; sie waren sogar die Garantie für den Erfolg der Zeitung. Filippo Naldi, Direktor der konservativen Tageszeitung «Il Resto del Carlino», hatte diese Operation organisiert. Über die «Messagerie Italiane» stellte er ein Verteilernetz zur Verfügung und steuerte technisch-administrative Beratung, den Redaktionsapparat und einen ansehnlichen Werbungsvertrag bei. Naldis «Inspiratoren» waren, wie er selbst zugab, einerseits der Außenminister, Marchese di San Giuliano, andererseits die Repräsentanten der großen Industriegruppen: Esterle (EDISON), Bruzzone (Zucker-Union), Agnelli (FIAT), Perrone (ANSALDO), Parodi (Reeder); sie

Der «Schlupfwinkel» Mussolinis beim «Popolo d'Italia»

sicherten die Finanzierung, um ein antisozialistisches Organ zu schaffen.[38]

Was Mussolini aber unmittelbar um alle Sympathien der alten Genossen brachte war seine plötzliche Übereinstimmung mit den strategischen Zielen des Klassenfeinds. Beim Kampf um die Intervention und später während der ganzen Kriegszeit experimentierte die Bourgeoisie mit einer Organisationsformel, zu deren Elementen «reaktionäres Regime» und «Nationalismus» der Faschismus ein drittes maßgebliches Element beisteuern sollte: die terroristische Gewalt gegen das Volk. Die «leuchtenden Maitage» kurz vor dem Krieg, die interventionistischen Agitationen, die Italiens Kriegsbeitritt am 24. Mai 1915 vorausgingen, zeigten deutlich die Führungsqualifikation der herrschenden Klasse, der es gelang, auch den demokratischen, progressiven Flügel des Interventionismus zu einem einzigen Block zu verschmelzen, der sich gegen Arbeiterschaft und Sozialismus stellte.

Mit Ausnahme einiger verbaler und auch nur episodischer Zugeständnisse an seine revolutionäre Vergangenheit schien sich Mussolini seit 1914 im großen und ganzen mit diesem Programm einer autoritären Restauration zu identifizieren. Etwaige Divergenzen betrafen Randerscheinungen und waren an seine persönliche «taktische» Interpretation strategischer Inhalte geknüpft. Seinen Zeitungsartikeln fehlte jedes Verhältnis zum Proletariat. Er wandte sich bereits an die «Jungen» aus den Reihen der kleinbürgerlichen Klassenkollaboration und fand lobende Worte für das Bürgertum, während seine Verachtung für die Massen wuchs: ... *Vom Volk, das den Spaten verlassen und das Gewehr geschultert hat, verlangen wir einfach, daß es gehorcht*[39], schrieb er im Dezember 1914. Dieser Verschiebung seiner Klassenhorizonte entsprach eine konkretere Zusammenarbeit mit den typisch reaktionären Institutionen: Monarchie und Heer.

Selbst Mussolinis Privatleben wurde von diesen Anwandlungen neuer Wohlanständigkeit betroffen, als er sich schnell der Respektabilität seiner neuen sozialen Position anpaßte. Am 16. Dezember 1915 legalisierte er seine Verbindung mit Rachele und schloß die Zivilehe mit ihr. Am 11. Februar erkannte er den Sohn aus dem Verhältnis mit Ida Dalser an. Am 31. August wurde er eingezogen. Seinen Pflichten als Soldat genügte er in vollem Umfang bis zum 23. Februar 1917. An diesem Tag machten die schweren Verletzungen, die er bei der Explosion eines Granatwerfers erlitt, seinen kriegerischen Erfahrungen ein Ende. Im Juni 1917 nahm er seinen Platz bei der Zeitung «Popolo d'Italia» wieder ein.

Mussolini war also Zeuge grausamer, unmenschlicher Kriegserfahrungen geworden, hatte Selbstverstümmelungen, Deserteure, Verletzte und Tote gesehen; denoch waren Soldaten für ihn *einfache und lautere Seelen, die den Krieg als eine Notwendigkeit akzeptierten, die man nicht diskutiert*[40]. Aber die frühere Begeisterung für den «revolutionären» Krieg war ihm in der Zwischenzeit abhanden gekommen. Nach der militärischen Niederlage Italiens am 24. Oktober 1917 in Caporetto wurde gerade die durch den Krieg verschärfte revolutionäre Perspektive – Le-

Mussolini mit Ehefrau Rachele und Tochter Edda

nins Botschaft von der sowjetischen Oktoberrevolution – sein Hauptfeind.

Als das österreichische Heer die gesamte Po-Ebene zu überfluten
schien, waren seine Widerstandsappelle mit demagogischen Verspre-
chungen und Schmeichelreden gespickt gewesen: . . . *Um die Bauern an
die Nation zu schmieden, muß man den Bauern Land geben,* schrieb er am
4. November. *Das ist der soziale Gehalt des Krieges, den wir fordern, um
dem völkischen Widerstand der Landbevölkerung neues Leben zu geben.*[41]
Aber bald schon begannen repressive Drohungen – . . . *wir machen vor
den Rechten der individuellen Freiheit nicht halt. Wir kehren diesen Fetisch
aus*[42] –, und als sich beim Stillstand der feindlichen Offensive die Front an
der Piave festigte, kam es zu Rufen nach Schließung des Parlaments, nach
Pressezensur und «Einheitszeitung», zu Forderungen nach anderen restriktiven Maßnahmen. Er bewegte sich in perfekter Synchronie mit den
Schritten der Regierung Orlando, die ihre Parolen vom Mythos des
demokratischen Krieges mit harten antisozialistischen Repressionen ab-
wechselte, was zur Verhaftung von Costantino Lazzari, Nicola Bombacci,
Giacinto Menotti Serrati (Mussolinis Nachfolger als Direktor des «Avanti!») und anderer führte.

Am 1. August 1918 verschwand aus dem Zeitungskopf von Mussolinis
«Popolo d'Italia» der Untertitel «sozialistische Zeitung»; er wurde durch

die neue Definition «Zeitung der Kämpfenden und Schaffenden» ersetzt. *Kämpfende und Schaffende, das ist etwas grundsätzlich anderes als Arbeiter und Soldaten*, präzisierte Mussolini, um keine leninistische Doppeldeutigkeit aufkommen zu lassen. *Die Schaffenden verteidigen, heißt, dem Bürgertum gestatten, daß es seine historische Funktion erfüllt . . .*[43] Der Krieg ging seinem Ende zu. In diesen vier Jahren erhielt Mussolinis Neigung zur Kollaboration handfestere Motivationen: sie galten jetzt nicht mehr nur dem einen Ziel: «Als erstes heißt es, den Krieg zu gewinnen!» Es stellte sich heraus, daß die Klassenkollaboration seiner «Schaffenden» – *der Ingenieur, der Mechaniker, der Arbeiter* – den produktiv-kapitalistischen Bedürfnissen ganz untergeordnet war; sie stand im Zeichen einer Klassenaussöhnung, die Keimzelle der späteren korporativ-faschistischen Errungenschaften werden sollte. *Schaffen – mit Methode, Fleiß, Geduld, Erbitterung und vor allem im Interesse der sogenannten Proletarier schaffen*, schrieb er am 18. August. *Man muß die Schaffenden ehren, denn von ihnen hängt es ab, ob der Wiederaufbau der Nachkriegszeit mehr oder weniger rasch erfolgt . . . Es gibt Kapitalisten, die ein Gefühl*

*Die achte Verhaftung Mussolinis
wegen interventionistischer Propaganda 1915 in Rom*

Mussolini als Frontkämpfer

*für ihre historische Funktion besitzen und Risiken eingehen; es gibt Prole-
tarier, die die Unabwendbarkeit dieses kapitalistischen Prozesses begreifen
und die Vorteile sehen, die ihnen daraus erwachsen.*[44] Das war offenkundig
das Nachkriegsprogramm der Unternehmerschaft. Die Kriegsjahre hatten die Dimensionen einiger Schlüsselsektoren der italienischen Industrie
erweitert (die ANSALDO-Belegschaft war z. B. von 4000 auf 56 000
Mann, der Betriebsumsatz von 30 auf 500 Millionen Lire angewach-
sen). Um die heiklen Umstellungsprobleme lösen zu können, mußte

die Produktivität auf einem hohen Stand bleiben. Der Beginn einer großangelegten Serie von Arbeiter- und Bauernagitationen während der «beiden roten Jahre» 1919 und 1920 ließ die Erreichung dieser Ziele problematisch erscheinen.

«Mehr produzieren, weniger verbrauchen» war der Slogan der Regierung Nitti. Diese war nach dem Rücktritt der Regierung Orlando dazu ausersehen, dem ersten Aufprall einer Welle von Kampfmaßnahmen des Volkes standzuhalten; ihren Höhepunkt bildeten die Agitationen anläßlich der Teuerungen im Juli 1919. In einigen Städten trugen die Geschäftsinhaber den Ladenschlüssel auf die Arbeitskammer und hängten an die verschlossenen Rolläden Schilder mit der Aufschrift «zur Verfügung der Arbeitskammer». In dieser prärevolutionären Atmosphäre versuchte Nitti einen Ausweg aus der Krise zu finden, ohne der Bewegung frontal entgegenzutreten und ließ breite demokratische Öffnungen. Autoritäre Tendenzen, die gleichwohl zum Vorschein kamen, vor allem in Militärkreisen, waren in der damaligen Phase noch nicht verbreitet. Mussolini selbst beschränkte sich darauf, gegen Nitti eine messerscharfe Polemik zu führen. In Zusammenhang mit Gabriele d'Annunzios Fiume-Abenteuer ließ er sich

Die beiden «roten Jahre»: eine Arbeiterversammlung in dem von der Belegschaft besetzten Werk «Fiat-Lingotto» in Turin

sogar dazu hinreißen, Nitti als Verräter zu bezeichnen. Programmatisch lag er allerdings gar nicht auf einer wesentlich anderen Linie als die Regierung.

Da Mussolini ein feines Gespür dafür hatte, woher der Wind in den Kreisen wehte, die der Macht am nächsten standen, und er die politische Phase ziemlich genau durchschaute, verfolgte er im wesentlichen Nittis strategisches Ziel, den Antibolschewismus, ebenso wie dessen taktisch kluge Vorkehrungen zugunsten eines «fortschrittlichen» Programms. Er entlehnte republikanische Elemente aus einigen Regierungskreisen und besorgte sich ideologische Unterstützung «von links» für seinen antileninistischen Kampf: *... die denkenden Köpfe des internationalen Sozialismus von Kautsky bis Bernstein lehnen einhellig den sozialistischen Charakter des russischen Experiments ab.*[45]

Wenige Tage nach Kriegsende sah Mussolinis Projekt für eine «Constituante» des italienischen Interventionismus die schrittweise Herabsetzung der täglichen Arbeitszeit auf acht Stunden, die Garantie der Mindestlöhne und andere Zugeständnisse an die Arbeiter vor, im Rahmen eines Programms, das er kurzerhand als reformistisch bezeichnete: *... Keine politische Revolution, kein Extremismus, keine Enteignung und nicht einmal Klassenkampf.*[46] Die «acht Stunden» und ein Reformvorschlag für das Heer (im Geist des demokratischen Prinzips der «bewaffneten Nation») waren einige der Hauptpunkte des Manifests, das am 23. März 1919 von einer Versammlung auf der Piazza San Sepolcro in Mailand zur Gründung der Kampfbünde (Fasci di combattimento) angenommen wurde. Aber zwischen diesen Formulierungen und der realen Praxis der Mussolinischen Bewegung gab es Unterschiede. Seine Unduldsamkeit gegenüber Programmen gestattete ihm, sich mühelos auf zwei Gleisen zu bewegen: einerseits unterstützte er die formal noch demokratische Theorie, die einen gewissen Raum für seine Genossen der Linken ließ, auf der anderen Seite die Praxis, die schon zutiefst vom Gebrauch reaktionärer Gewalt geprägt war. Als das Projekt der «Constituante» gescheitert war – Mussolini und die Futuristen hatten am Abend des 11. Januar 1919 in der Mailänder Scala gegen Bissolati eine Radauszene organisiert –, konnte man sagen, daß die wenigen wichtigen Anhänger des Faschismus alle außerhalb des demokratischen Flügels der Interventionisten standen. Zur Übereinstimmung kam es mit den Futuristen, die gern das kulturelle Element darstellen wollten, und mit den «Arditi», einer Spezialtruppe des italienischen Heeres für besonders gewagte Unternehmungen. Sie wurden die erste bewaffnete Streitkraft, die ersten militärisch ausgebildeten und gegliederten Abteilungen des Faschismus. Die Versammlung auf der Piazza San Sepolcro, die traditionsgemäß als seine Geburtsstunde verstanden wird, war in Wirklichkeit nur eine Phase im Wachstum der Bewegung, die Mussolini lieber noch flüssig und nicht in Organisationsstrukturen erstarrt sehen wollte, um seine taktische Wendigkeit nicht zu gefährden. Größere Bedeutung kommt dem 15. April 1919 zu. An diesem Tag wurde in Mailand bei einem Streik die Redaktion des «Avanti!» überfallen. Mussolini kommentierte diesen Vorfall mit den aggressiven

Der Balkon des «Avanti!»
(offizielles Parteiorgan der Sozialistischen Partei Italiens)
mit der von den Faschisten gehißten Trikolore

Worten: *. . . die erste Episode des Bürgerkriegs hat stattgefunden . . . Wir von den «Fasci» haben den Angriff auf die sozialistische Zeitung nicht vorbereitet, übernehmen aber die moralische Verantwortung für das Ereignis.*[47] Wichtiger war auch das Datum des Generalstreiks vom 20./21. Juli 1919, als Squadristen mit dem Einverständnis des Präfekten gegen die Streikenden mobilmachten.

Die resolute Durchschlagskraft der ersten squadristischen Unternehmungen hatte die Faschisten zwar in ein glaubwürdiges Licht gestellt, es herrschte aber noch Zweifel an der Stichhaltigkeit ihrer politischen Autonomie. Während der schweren Krise in Fiume, die am 12. September 1919 mit dem Marsch von Ronchi aus begann, waren Gabriele d'Annunzio und die Nationalisten als Protagonisten erschienen, Mussolini als einfacher Mitläufer. Sein Mangel an strategischer Autonomie verwies ihn auf einen Weg ohne revolutionäre Orientierungspunkte und machte die taktische Nutzung der liberalstaatlichen Institutionen erforderlich, während er einen direkten Zusammenstoß mit dem Staatsapparat umgehen mußte. Er machte den umstürzlerischen Vorschlägen d'Annunzios daher kaum Zugeständnisse, sondern schlug ihm eine weiche Linie vor, in der auch Anklänge von Wahlopportunismus nicht fehlten. *An jenem Tag –* schrieb er an d'Annunzio, indem er ihn aufforderte, das Wahlergebnis des 16. November 1919 abzuwarten – *erhalten wir einen großen Volksentscheid für Fiume, und neue Menschen werden aus den Wahlversammlungen hervorgehen.*[48]

Sein politisches Projekt für diese Phase beschränkte sich auf den Sturz der Regierung Nitti; er sollte die Wende bringen, die dem Faschismus den Weg zu breiten politisch-institutionellen Möglichkeiten öffnete. Seine Wahlerwartungen waren nicht groß: *. . . also müssen wir Faschisten uns allein behaupten, wir müssen deutlich erkennbar und abgezählt daraus hervorgehen und wenn wir nur wenige sein werden, muß man berücksichtigen, daß es uns erst seit sechs Monaten gibt*[49], sagte er am 9. Oktober 1919 auf dem Kongreß in Florenz. Aber selbst für so bescheidene Ambitionen und unter Berücksichtigung der Isolation der Faschisten war das Wahlergebnis sehr enttäuschend. In Mailand errangen sie 4657 Stimmen von insgesamt 270 000. In den anderen Wahlkreisen wurde ein einziger Kandidat gewählt: in Ligurien. Die Sozialisten erhielten 1 840 000 Stimmen und 156 Sitze. Damit verdreifachten sie das Wahlergebnis von 1913 zu ihren Gunsten. Der «Avanti!» schrieb: «Ein verwesender Leichnam wurde heute früh aus dem Naviglio gefischt. Anscheinend handelt es sich um Benito Mussolini.» Nach einer Durchsuchung der Räume der «Associazione Arditi», bei der man einige Waffen aufstöberte, wurden am 18. November Mussolini, Marinetti, Vecchi und andere Parteiführer sogar verhaftet. Durch die persönliche Befürwortung Nittis und auf Grund der Proteste von berühmten Persönlichkeiten (dazu gehörte der Direktor des «Corriere della Sera», Luigi Albertini) wurde Mussolini zwar sofort wieder freigelassen, aber der Vorfall zeigte deutlich, welche schwerwiegenden Folgen die Wahlschlappe für das Verhältnis zur Regierung und im Innern der faschistischen Bewegung hatte. Auch Mussolini konnte sich nichts vormachen. Tatsache war, daß der Faschismus sein Etappenziel verfehlt hatte, daß es nicht gelungen war, als respektable politische Kraft in das parlamentarische Spiel einzugehen. Die Bewegung schien zu subalterner Strategie verurteilt. Die «Fasci» zerbröckelten, es blieben nur etwa dreißig übrig. Mussolinis Zeitung geriet in eine Krise und wurde nur durch den Eingriff einer interessierten ligurischen Reedergruppe über Wasser gehalten.

Und doch war es gerade diese politisch und organisatorisch so bescheidene Konstellation, die es Mussolini gestattete, während der nun beginnenden politischen Phase des Regierungswechsels zwischen Nitti und Giolitti wieder mitzumischen. Nitti war es nicht gelungen, den sozialen Frieden herzustellen. Die Arbeiteroffensiven dauerten fort, die sozialistische Partei hatte bei den Wahlen gut abgeschnitten. Giolitti wiederholte den Versuch, wandte aber eine andere Taktik an: auf der einen Seite pflegte er die parlamentarische Zusammenarbeit zwischen den alten Kräften der herrschenden Klasse und den beiden neuen «Massenparteien», der Sozialistischen Partei und der Volkspartei («Partito Popolare

Giovanni Giolitti

Italiano», einer katholischen Partei, die Don Sturzo 1919 gegründet hatte); auf der anderen Seite benutzte er die Faschisten als bewaffnete, gegen das Volk gerichtete Bewegung, ohne selbst direkt zu den repressiven Institutionen des liberalen Staates greifen zu müssen, dem also weitgehende Neutralität zugesichert war. Die Regierung Giolitti hatte ihren Einstand am 15. Juni 1920: *... eine Regierung, die man nicht a priori verurteilen kann. Man muß sie am Prüfstand der Tatsachen sehen,* schrieb Mussolini. Die interventionistische Polemik gegen Giolitti lag in weiter Ferne. Dessen Programm der politischen Einigung des Bürgertums wurde in seinen strategischen Linien von den Faschisten gutgeheißen, und zwei Jahre später war es gerade Mussolini, der es verwirklichte.[50] Damals war er noch nicht stark genug für ein so ehrgeiziges Programm. Er konnte gar nichts anderes tun, als alle taktischen Möglichkeiten ausnutzen, die ihm das Giolittische Projekt offenließ. Die Komplizität der Regierung ermöglichte es ihm, die bewaffneten Komponenten der Bewegung zu festigen, gut geschützt vor Eingriffen der Polizei. Ihm war es wichtig, innerhalb der «großen Koalition» seine eigene Rolle auf dem Schauplatz der Gewalt – entsprechend der Giolittischen Rollenverteilung – abzugrenzen. *Läuft das Volk auf einen Abgrund zu, bin ich nicht reaktionär, wenn ich es mit Gewalt aufhalte,* äußerte er sich am 5. September 1920 in Cremona.[51] Als am 13. Juli in Triest das Hotel «Balkan» angezündet wurde, der Sitz der slowenischen Organisation, nannte er das ein *Meisterstück des Triester Faschismus*, und die Zerstörung der römischen Büroräume des «Avanti!» war die *logische und legitime Vergeltungsmaßnahme gegen die täglichen Gewaltprediger*. Er machte sich bei diesen Urteilen eine Hinterlassenschaft aus seiner subversiven Vergangenheit zunutze: das Wissen darum, daß beim Aufeinanderprallen der Klassen das entscheidende Wort dem Stärkeren gebührt und daß nach dem Scheitern aller politischen Vermittlungsversuche eine breite revolutionäre Bewegung nur militärisch zu schlagen ist.

Nach einiger Unsicherheit während der Zeit der Fabrikbesetzungen im September 1920, als eine revolutionäre Sturzflut in Italien noch durchaus möglich schien, wurde seine Praxis der Gewaltanwendung die Alltagspraxis der faschistischen Bewegung. Ab November 1920 überzog die squadristische Offensive das ganze Land. Während der ersten drei Monate des Jahres 1921 kam es allein in der Umgebung von Ferrara zu 130 Strafexpeditionen; 40 «Häuser des Volkes» und Sitze der Sozialistischen Partei wurden dabei zerstört, 17 von 21 linken Gemeindeverwaltungen mit Gewalt aufgelöst. Nach dem Zahlenmaterial von Angelo Tasca[52] gab es am 1. September 1921 726 verwüstete Parteisitze, 166 linke Militante waren umgebracht und 500 verletzt worden. Das dynamische Element des Squadristen-Terrors war der Agrar-Faschismus, der sich am 21. November 1920 mit dem Blutbad beim Palazzo d'Accursio in Bologna manifestierte. Auf der gleichen politischen Linie mit der bekannten Mussolinischen Doppelgleisigkeit führte diese neue Komponente im gesellschaftlich-ideologischen Konglomerat der faschistischen Bewegung bürgerkriegsartige Schemata und Verhaltensformen ein, die sich aus der Tradition der feudalherrschaftlichen Gewalttätigkeiten auf dem Lande herleiteten. Hier entstand außerhalb der Stadtmauern im Umfeld politisch-militärischer Anführer, die sich am archaischen Modell der Kondottieri ausrichteten, der militante Flügel des Faschismus: er war militärisch durchorganisiert, verfügte über Waffen und Transportmittel, war beweglich und imstande, durch rasches Zusammenziehen von starken Kräften die einzelnen proletarischen Hochburgen zu treffen, die nicht gerüstet waren, einen Kampf auf diesem Feld zu führen.

Auf lange Sicht sollte sich erweisen, daß das squadristische, «provinzielle» und agrarische Element hoffnungslos subaltern war, gemessen an der Wohlanständigkeit, Legalität und Urbanität der Mussolinischen Kompromißfreudigkeit. In der damaligen Phase bildete aber die Effizienz der squadristischen Aktionen auf militärischem Gebiet eine erste Etappe in der politischen Einigung des Bürgertums. Die taktischen Divergenzen zwischen den Agrariern und Industriellen, zwischen den verschiedenen Fraktionen des traditionellen politischen Lagers waren Nebensache im Verhältnis zu der vitalen Notwendigkeit, die Volksbewegung «physisch» zu zerschlagen. «Seit der Krieg zu Ende ist», sagte einer der Hauptexponenten des Spitzenverbandes der italienischen Industrie «Confindustria», Rechtsanwalt Edoardo Rotigliano, «haben die Industriellen immer nur

Von Geld ist die Rede, von wem noch?

« Was zu Mittag nicht geschehen . . .

... wird sich auf den Abend tun lassen», sprach der Mann und ließ seinen Schwager auf dem Krankenbett erwürgen, wo er sich gerade vom ersten Mordanschlag erholte. So ging's nun mal zu in dieser Familie.

Der Vater des Mordbuben, Rodrigo mit Vornamen, war einst von seinem Onkel aus Spanien nach Rom gerufen und zum Kardinal ernannt worden, als er 24 Jahre alt war. Pfründen machten den jungen Kurienmann reich, eine anderweitig verheiratete Frau machte ihn zum vierfachen Vater. Der älteste Sohn erhielt vom Vater ein ordentliches Teil des Kirchenstaates als Herzogtum geschenkt. Doch kaum 24 Jahre alt, wurde er ermordet, möglicherweise von seinem Bruder, von dem hier die Rede ist.

Ihn hatte der Vater schon mit 17 Jahren zum Erzbischof, mit 18 Jahren zum Kardinal ernannt, denn der alte Herr hatte nur eines im Sinn: Reichtum und Macht seiner Familie zu steigern und womöglich auf ewig zu festigen, koste es andere, was es wolle. Der Sohn übertraf ihn in der Skrupellosigkeit, mit der er auf diesem familiären Weg weiterging. Er bediente sich der Hilfe von Freunden, um gemeinsame Gegner aus dem Wege zu räumen, und bekämpfte nach getaner Arbeit die hilfreichen Freunde, um die Ernte allein einzufahren.

So wurde er mächtig und reich, reicher als der Vater, der immerhin noch gelegentlich darauf angewiesen war, Ämter zu verkaufen, um an Geld zu kommen (so einmal 80 Schreiberstellen zu je 750 Scudi). Als freilich der Vater starb (stilgerecht wurde auch er vergiftet), sanken Einfluß und Macht des Sohnes auf ein Nichts. Von seinem Wahlspruch «Aut Caesar, aut nihil» («Entweder bin ich Caesar – oder gar nichts») blieb ihm nun die zweite Hälfte. Nach zweijähriger Haft endete er als bezahlter Söldnerführer im Dienst eines Verwandten. Von wem war die Rede?

(Alphabetische Lösung: 2–15–18–7–9–1, 3–5–19–1–18–5)

die Hosen runtergezogen. Basta!» Schon im April 1920 hatten die Industriellen bei einem Streik eine eigene Privatmiliz von «Freiwilligen» besoldet, um das behelfsmäßige Funktionieren der Dienstleistungen und des städtischen Lebens zu gewährleisten und bei dieser Gelegenheit einen Apparat «zivilen Widerstands» als Dauerstruktur geschaffen. «Wir haben den Staat gerettet», sagte damals Olivetti, Sekretär der «Confindustria». Durch diese Überzeugung gestärkt, ließen die Unternehmer den Staat als den eigentlich kompetenten politischen Mittler aus dem Spiel. Antonio Gramsci schrieb am 17. Oktober 1920: «Die Reaktion ist so stark geworden, daß sie die Maske des Rechtsstaats nicht länger für ihre Zwecke braucht; das bedeutet, daß sie sich für ihre Zwecke aller Mittel des Staates bedienen will.»[53]

Squadristen-Gewalt und regierungsfreundlicher Kollaborationismus: auf diese beiden Elemente baute Mussolini ein Phasen-Programm, das nur drei kümmerliche Adjektive kannte: *italienisch, antidemagogisch, pragmatisch*, und mit dieser Linie hatte er bald Erfolge.

Er änderte vor allem seine alte defensive Einstellung, man brauche das Heer nur zu neutralisieren, und arbeitete mit Umsicht darauf hin, sich die notwendige Zustimmung der Militärs zu sichern. Diese hatten schon längst auf jedes hochtrabende Putschprojekt verzichtet, als sie den Faschismus entdeckten und sich von der Suggestivkraft einfangen ließen, den die squadristischen Unternehmungen auf Menschen ausübten, die im Grunde immer davon geträumt hatten, Sozialisten und subversive Elemente mit Gewalt zu beseitigen. Mussolini begann, alle ihre ökonomischen Forderungen demagogisch zu stützen. Während der Zeitpunkt des Marsches auf Rom näherrückte, gingen die Militärs von ihrer anfänglichen wohlwollenden Neutralität zu offener Unterstützung über, spielten dabei aber stets eine Nebenrolle. Lastwagen, Waffen und Ausrüstung der Squadristen waren Heereseigentum und wurden eilfertig zur Verfügung gestellt, aber die politische Initiative war niemals unmittelbare Angelegenheit der Offiziere.[54] Dann versuchte Mussolini erfolgreich, die Allianz mit Giolitti zu seinem eigenen Vorteil zu nutzen. Übrigens profitierten beide Politiker voneinander, wobei der alte Staatsmann den Faschismus als Stoßkraft benutzte, um ihn später auf dem Weg der «Konstitutionalisierung» in politisch verkleinertem Maßstab zu resorbieren. Durch das Einschreiten Giolittis fanden die faschistischen Kandidaten bei den politischen Wahlen vom 15. Mai 1921 Eingang in die Regierungslisten der nationalen Blöcke, zusammen mit Gemäßigten, Nationalisten, Liberalen und einer breiten Beteiligung von Industriellen und Landwirten. Bei diesem politischen Zusammenspiel profitierte Mussolini mehr als Giolitti, denn nur er verfügte über das ausschlaggebende Element: die praktische Machtausübung. Er schrieb am 26. April 1921: *Die Zielsetzung des Faschismus bei seinem Anschluß an das Prinzip der Blöcke wurde vollen Umfangs erreicht. Das Abzeichen der Blöcke ist das Liktorenbündel . . .*[55] Im übrigen sah sein Wahlprogramm weitgehende Zugeständnisse an die «Politik der Kompetenz» vor, die technokratisch und an Wirksamkeit orientiert war; er kam dabei den Bedürfnissen des großen Kapitals mit breitangelegten liberalistischen Plänen entgegen: . . . *Der Staat muß alle nur möglichen und vorstellbaren Kontrollen ausüben, soll aber auf jede Form ökonomischer Geschäftsführung verzichten. Das ist nicht seine Sache. Auch die sogenannte öffentliche Dienstleistung muß dem Staatsmonopol entzogen werden.*[56] Nach Beendigung einer Wahlkampagne, die Plätze und Straßen Italiens mit Blut befleckte – zwischen 8. April und 14. Mai 1921 gab es 105 Tote –, errangen die Listen der Nationalen Blöcke 275 Sitze, von denen 45 auf die Faschisten und Nationalisten entfielen. Der faschistische Stimmanteil lag wohl kaum über 6 bis 7 Prozent: die Zustimmung war noch auf recht enge Kreise beschränkt und gründete sich im wesentlichen auf Groll gegen die Arbeiterschaft oder den Irrationalismus einiger Gruppen der Mittelschichten: Lehrer, kleine und mittlere Staatsbeamte, Gerichts-, Finanz-, Steuer-, Post-, Telegrafen-, Eisenbahnbeamte und Angestellte und ähnliche. Sie hatten schon im Sommer 1920 mit den traditionellen Gewerkschaften gebrochen, um einen korporativen, «nationalen Syndikalismus» ins Leben zu rufen, der auf *ihren Ressentiments und ihrer tiefen Frustration, auf der Furcht vor einer unmittelbar bevorstehenden, drohenden geschichtlichen Vernichtung*[57] beruhte. Die übrigen Parteien bewahrten trotz der ihnen zugefügten Gewalt mehr oder weniger die alten Positionen. Die Sozialistische Partei erhielt 122 Sitze, die neue Kommunistische Partei 16, die katholische Volkspartei 107 Sitze. Die Tendenzwende gegenüber 1919 war aber eine feststehende Tatsache und hatte nun ihre Sanktionierung durch die Wahlen erhalten.

Die Demission Giolittis und der Beginn der Regierung Bonomi brachten in dieser politischen Phase keine wesentlichen Veränderungen. Für Mussolini ging es darum, seiner Politik der Doppelgleisigkeit, die sich als so wirkungsvoll erwiesen hatte, strikte Kontinuität zu sichern. In seiner ersten Rede vor dem Parlament bezeichnete er sich als *eindeutig gegen die Demokratie und im wesentlichen gegen den Sozialismus* eingestellt. Er erwies dem Kapitalismus Ehrbezeigungen, die sich so anhörten: . . . *der Kapitalismus ist nicht nur ein System der Unterdrückung, sondern auch Selektion von Werten, Koordinierung von Hierarchien, ein sehr ausgereifter Sinn für individuelle Verantwortung*; er sprach erneut seine Offenheit für das Prinzip der freien Wirtschaft aus: . . . *der Staat gebe uns eine Polizei, die Ehrenmänner vor Spitzbuben bewacht, eine gut organisierte Justiz, ein Heer, das für alle Eventualitäten bereitsteht, eine Außenpolitik, die auf die nationalen Erfordernisse abgestimmt ist. Alles übrige, und davon schließe ich nicht einmal die höheren Schulen aus, muß der privaten Tätigkeit des Individuums vorbehalten bleiben . . .* Weitgehende Konzessionen machte er auch der katholischen Kirche: . . . *ich glaube und behaupte, daß die einzige universale Idee, die es heute in Rom gibt, die vom Vatikan ausgehende ist.* Er zeigte sich zu einem «Friedensschluß» mit den Sozialisten bereit, denn einerseits befürchtete er, die bewaffnete proletarische Antwort könnte sich im Verein mit den «Arditi» ausweiten, andererseits ging es ihm darum, den Nimbus seiner Wohlanständigkeit zu mehren.[58]

Diese Linie war durchaus geeignet, ihm den Konsensus der bedeutendsten Machtzentren Italiens zu sichern, zugleich aber zwang sie ihn, dem extremistischen Flügel der Bewegung einen Tribut zu zahlen. Die antisozialistische Reaktion war der einzige attraktive Faktor des Faschismus gewesen. Vor allem in der Provinz und auf dem Lande ließen die blutigen Kämpfe keine Ruhepause in einem Gefecht, das erst mit der endgültigen physischen Vernichtung des Klassenfeindes als beendet gelten konnte. Rechtsradikale Männer wie Achille Grandi, Balbo, Perrone Compagni, Farinacci, Forni, Bastianini, Misuri und Caradonna waren die lokalen kleinen Tyrannen («Ras» genannt) und Anführer dieser Dissidenten. Aber dem Protest der Faschisten gegen Mussolini fehlte es an strategischen Alternativen. Das schrittweise, gewaltsame Aufrücken in das Areal der Macht schien noch immer das einzig machbare Projekt. Umstürzlerischen Hypothesen, nach denen an Stelle des Mussolinischen Prinzips, den Staat für seine Zwecke einzuspannen, der Kampf gegen den Staat treten sollte, hätten nicht nur keine Massenbasis gewinnen können, sondern im Gegenteil auch die Geldgeber des Squadrismus verärgert. So war das militante Element tatsächlich zu subalternen Rollen verurteilt und sollte es während der gesamten faschistischen Zeit bleiben. Schließlich kam es am 3. August 1921 zur Unterzeichnung des «Friedensschlusses» zwischen Faschisten und Sozialisten; dieser hatte praktisch kaum Auswirkungen, konnte aber das Prestige seines geistigen Vaters mehren, und wenige Monate später war er schon wieder ungültig.[59]

Die Repression der inneren Erhebung fiel zeitlich mit der «Wende» zusammen, die der dritte Kongreß am 7. November in Rom brachte. Die Bewegung wurde jetzt zur Partei: «Partito Nazionale Fascista» (PNF). Mit 2200 Fasci und 320000 eingetragenen Mitgliedern bestanden die größenmäßigen Voraussetzungen für eine Partei. Aber das Problem war nicht ausschließlich quantitativer Art. Die Organisation sollte in absehbarer Zeit fähig sein, das «Machtvakuum» in Angriff zu nehmen, das die Ineffizienz der Regierung Bonomi hinterlassen hatte. Die Dissidenz im Innern der Bewegung verdeutlichte Mussolini, daß er im entscheidenden Augenblick unbedingt ein organisatorisch zuverlässiges Instrument haben mußte, das mit zentraler Festigkeit gelenkt werden konnte. *Das Problem muß meiner Meinung nach so gelöst werden: wir haben eine Partei zu gründen, die so sicher und diszipliniert gegliedert ist, daß sie im Notfall auch zu einem Heer werden kann, das auf dem Boden der Gewalt manövrierbar ist, sei es zum Angriff oder zur Verteidigung*, schrieb Mussolini, und die Linie der Doppelgleisigkeit nicht verleugnend: . . . *man muß der Partei eine Seele geben, ein Programm. Die theoretischen und praktischen Forderungen müssen revidiert und erweitert, einige auch aufgegeben werden . . .*[60]

Der Schlußantrag des Parteikongresses bestätigte widerspruchslos Mussolinis Projekt vom dialektischen Gebrauch der Institutionen: «. . . Wir werden immer dann für den Staat sein, wenn dieser sich als eifriger Hüter, Verteidiger und Verbreiter der nationalen Tradition, des nationalen Gefühls, des nationalen Willens erweist, der seine Autorität

Plakat für die Einberufung des dritten national-faschistischen Kongresses in Rom, 1921

durchzusetzen versteht, koste es, was es wolle; wir werden immer dann an die Stelle des Staates treten, wenn dieser sich als unfähig erweist, unverzüglich die Ursachen und Elemente der inneren Zersetzung anzugreifen und zu zerschlagen. Wir werden uns gegen den Staat stellen, wenn dieser in die Hände derjenigen fällt, die das Leben des Landes bedrohen und gefährden.»[61] Drei schwierige Augenblicke im gleichen Jahr werden damit bewältigt: 1. die Polemiken wegen der philo-republikanischen Äußerungen Mussolinis kurz vor der Parlamentseröffnung; 2. die extremistische Krise wegen des «Friedensschlusses» mit den Sozialisten; 3. die strukturelle Verwandlung der Bewegung in eine Partei. Der Faschismus schickte sich an, noch während der letzten konvulsivischen Zuckungen des liberalen Staates eine Machtposition einzunehmen.

Im Februar 1922 wurde Facta an Stelle von Bonomi Ministerpräsident. Kein einziges der Probleme, die durch die starre Haltung des Kabinetts Bonomi beiseite geschoben worden waren, wurde in Angriff genommen. Die squadristische Aktivität breitete sich weiter aus und mündete schließlich in die generelle Mobilmachung des gesamten Militärapparats der Faschistischen Partei beim «gesetzmäßigen Streik» vom 1. August 1922. Die Agitationen waren von der Linken proklamiert worden: «zur Verteidigung der politischen und gewerkschaftlichen Freiheiten, die von den hochkommenden reaktionären Faktionen bedroht sind». Das war der endgültige Bankrott. Noch während des römischen Kongresses der Fa-

schistischen Partei im November 1921 schien es, als könnte eine Volksmobilmachung unter Anführung der «Arditi del Popolo» den Faschismus
auch auf militärischem Terrain aufhalten. Aber die Lage änderte sich
rasch. Nachdem der Aussöhnungsversuch Bonomis gescheitert war, zeigten sich die maßgebenden Schichten des Bürgertums bereit, auf den
Faschismus als endgültige Lösung für das von den letzten Regierungen
hinterlassene «Machtvakuum» zu setzen. Nach Zerschlagung der Arbeiterbewegung begann eine neue Phase, und Mussolini machte sich daran,
den Konsens zu legitimieren, der ihm von den verschiedenen «Potenta-
ten» zuteil wurde; dabei gab er die traditionelle Verknüpfung zwischen
«regierungsbezogener» Taktik und squadristischer Gewalt keineswegs
auf. In den Monaten, die dem Marsch auf Rom vorangingen, wurde die
Partei stärker militarisiert. Das äußerte sich bei den blutigen Repressalien
gegen die Sozialisten im August, bei den Strafexpeditionen nach Trient
und Bozen und der militärischen Besetzung größerer Gebiete im
Oktober.

Mussolini bekannte sich offen zu seinen Regierungsambitionen:
. . . Faschismus ist eine breite Mobilisierung materieller und moralischer

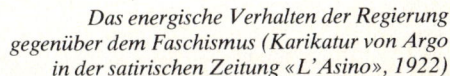

Das energische Verhalten der Regierung
gegenüber dem Faschismus (Karikatur von Argo
in der satirischen Zeitung «L'Asino», 1922)

*Kräfte. Was setzt er sich als Ziel? Wir sagen es ohne falsche Bescheidenheit:
die Nation regieren. Mit welchem Programm? Mit dem erforderlichen
Programm, um die moralische und materielle Größe des italienischen
Volkes zu gewährleisten.*[62] Die Gründung der Faschistischen Partei war
ein erster Schritt in diese Richtung. Jetzt ging es darum, für die ehrgeizigen Bestrebungen Glaubwürdigkeit zu «erfinden», den würdigen Rahmen für eine politische Linie zu schaffen, die bis dahin vor allem in der
Praxis der Gewalt gelebt hatte. So war Mussolini gezwungen, sich eine
eigene Außenpolitik zu schaffen; er verfolgte die Arbeiten der Konferenz
von Cannes und besuchte im März 1922 Deutschland. Seine Einstellung
war eindeutig anti-deutsch, sein ökonomisches Programm verkündete
Wirtschaftsliberalismus und er suchte solide parlamentarische Allianzen.
Das Verhältnis zu den Nationalisten war enger geworden, die Beziehungen zu den «Popolari» entspannter. Sein Vorgehen war vertrauenerwekkend; er gab den neuen Bündnispartnern auf Wunsch weitgehende Zugeständnisse in puncto «Konstitutionalisierung». Bei einem Interview am
11. August 1922 sagte er dementsprechend: ... *Daß der Faschismus
Staat werden will, ist ganz klar. Nicht ebenso klar ist aber, daß er einen
Staatsstreich auf sich nimmt, um dieses Ziel zu erreichen. Auf der anderen
Seite ist der faschistische Marsch auf Rom schon im Gang, jedenfalls in
historischem Sinn, wenn nicht in eigentlich revolutionärer Beziehung.*[63]
Die Bildung der neuen Regierung Facta am 31. August 1922 war ein
ansehnlicher Erfolg der taktischen Geschicklichkeit Mussolinis, denn
diese Regierung war noch schwächer als die vorherige. Die politische
Achse hatte sich eindeutig nach rechts verschoben. Facta bildete eine
Übergangsregierung in Erwartung des Herbstes, den alle als entscheidend
ansahen. Das war Maßarbeit: damit konnte Mussolini letzte Hand an sein
Projekt legen. Jetzt bestanden keine Zweifel mehr, daß die Faschisten in
die Regierung einziehen würden.

Die alte, liberale herrschende Klasse gab ihre Machtlosigkeit zu; sie
war – nach Salandra – gezwungen, «... ihre Hoffnungen für eine Rettung
des Landes auf bewaffnete, organisierte Kräfte außerhalb des Staates zu
setzen». Es ging jetzt nur noch darum, die qualitative und quantitative
Größenordnung ihrer Beteiligung zu umreißen und vor allem Mussolinis
Rolle festzulegen.

Von ganz wenigen Mitarbeitern umgeben, machte Mussolini sich mit
Hilfe seines bewährten Cesare Rossi und der ihm eigenen Verurteilslosigkeit daran, die letzte Karte auszuspielen. Er hatte in der Zwischenzeit ein
engmaschiges Netz von Kontakten geknüpft, das Facta «einschläferte»;
diesem hatte er angedeutet, er könnte sich selbst im Amt nachfolgen, in
einer neuen und von den Faschisten gestützten Regierung; er hatte Giolitti von bewährten Mitarbeitern isoliert, indem er alle übrigen möglichen
Kandidaturen für das Amt des Ministerpräsidenten der Glaubwürdigkeit
entkleidete. Bei seiner Rede in Udine am 20. September 1922 setzte er
letzte Akzente, als er den Unternehmern und der Monarchie Zusicherungen gab, und jetzt stand der Monarchie das letzte Wort zu. Es war eine Art
Schlußbilanz, in der alle Elemente für seinen Aufstieg noch einmal an-

klangen: die Forderung nach Gewaltanwendung, die Betonung der Klassenkollaboration, die deutliche Absage an die republikanische Staatsform. «Wenn Mussolini uns mit der politischen Diktatur ein Regime größerer ökonomischer Freiheit gibt, als wir es bisher von den parlamentarischen Kamorren der letzten hundert Jahre bekommen haben», schrieb der Schriftsteller Edoardo Giretti an Gobetti, «dann wird die

Mussolini im Parlament, 1921

Die «Arditi del Popolo»: Barrikade gegen die Faschisten in Parma, 1922

Summe des Guten, das dem Land aus seiner Regierung zufließen wird, bei weitem die des Schlechten übersteigen.»[64] Mussolini hatte es geschafft. Jetzt kam es nur noch darauf an, durch squadristische Mobilmachung eine Operation zu sanktionieren, die – nach Zerschlagung der proletarischen Opposition – die Zustimmung des gesamten bürgerlichen Lagers besaß. In jenen Tagen drückten selbst die Freimaurer ihre Solidarität mit ihrem künftigen «Verfolger» aus.

Am 11. Oktober kam es zu einem letzten Gespräch mit Gabriele d'Annunzio, einer Art öffentlicher Investitur. Am 16. Oktober wurden die Militärpläne für den faschistischen Marsch auf Rom festgelegt. Die Initiative wurde am 24. Oktober vom Nationalkomitee in Neapel gebilligt. Am 28. Oktober lief die Operation an, während sich die widersprechendsten Befehle in chaotischer Folge jagten. Ziemlich grotesk in seinen militärischen Aspekten hatte der «Marsch auf Rom» ausschließlich politische Bedeutung. Zu Recht war die Meinung verbreitet, daß es nicht nötig sein werde, zu kämpfen, da das Heer schon lange neutralisiert sei. Die letzte Unsicherheit über das Verhalten von Vittorio Emanuele III. schwand, als der König sich weigerte, ein Dekret über die Proklamation des Belagerungszustandes zu unterzeichnen, das ein enttäuschter und verunsicherter Facta ihm vorlegte. Am Abend des 28. Oktober telefonierte Mussolini, der vorsichtshalber in Mailand geblieben war, an den Direktor des «Corriere della Sera», Luigi Albertini, um ihm einen Entwurf der Regierungsliste vorzulesen. Am 29. Oktober erhielt er die Nachricht seiner Designation als Ministerpräsident. Er fuhr sofort nach Rom, im Zug, und das war der einzige authentische Marsch auf Rom. Am 30. Oktober hatte die neue Regierung ihren Einstand; ihr gehörten außer Mussolini, der auch das Innen- und Außenministerium übernahm, Mitglieder verschiedener Parteien an: drei Faschisten, zwei Popolari, zwei Demokraten, ein Nationalist, ein Demo-Sozialer (Zentrum), ein Liberaler, ein Unabhängiger, zwei Militärs. Er hatte auch den Sozialisten Gino Baldesi und Ludovico d'Aragona Ministersessel angeboten. Mussolinis Kabinett wurde eine typische Regierung der «parlamentarischen Kollaboration». Die Revolution hatte nicht stattgefunden.

Die Proklamation des Quadrumvirats
(de Bono, de Vecchi, Bianchi, Balbo),
die zum Marsch auf Rom auffordert, 28. Oktober 1922

Am 7. November schrieb der Antifaschist und Oppositionsführer Giovanni Amendola: «... Wir proklamieren die Pflicht aller, die Bemühungen der neuen Regierung zu unterstützen, soweit sie darauf abzielt, Ordnung, Disziplin, Finanzen und Wirtschaft wiederherzustellen.»[65] So lautete also der Auftrag an den Faschismus. Mussolini machte sich eilends an seine Verwirklichung. *Die Richtlinien der Innenpolitik lassen sich in diesen Worten zusammenfassen: Ökonomie, Arbeit, Disziplin,* betonte Mussolini am 16. November in seiner Regierungserklärung vor der Kammer. *Wesentlich ist das finanzielle Problem. Wir müssen mit größter Dringlichkeit die Staatsbilanzen ausgleichen. Sparsames Regime. Kluges Disponieren der Ausgaben. Hilfe für alle produktiven Kräfte der Nation. Schluß mit allen übriggebliebenen Kriegslasten.*[66] Am 14. November kam es zur Einstellung der Untersuchungsverfahren gegen Kriegsgewinnler und zur Aufgabe des Staatsmonopols für Versicherungen. Die Staatsmonopole für Streichholzfabrikation und das Telefonnetz wurden privatisiert. Nacheinander wurden die Erbfolgesteuern, die fünfzehnprozentige Dividendensteuer für Inhaberpapiere und die Vermögenssteuer abgeschafft. Ermäßigungen gab es bei den Steuersätzen für Verwaltungsräte und Geschäftsführer von Handelsgesellschaften, bei Gebäude- und Einkommensteuern. Damit waren alle restriktiven Maßnahmen aufgehoben und günstige Bedingungen für kapitalistische Initiativen geschaffen.

Gleichzeitig machte man sich daran, die materiellen Bedingungen der

Die Schwarzhemden marschieren durch Rom
(aus «Lettura» Nr. 4 vom 1. April 1939)

*In der Nähe des Duce wird jede Anstrengung zum Vergnügen.
(Totenschädel mit gekreuzten Knochen: das bevorzugte
Symbol der «Freiwilligen Miliz für nationale Sicherheit»)*

Massen anzutasten, nachdem deren aktive Widerstandsfähigkeit ge-
schwächt war. Während die realen Einkommen, wenn auch mit gewissen
Einschränkungen, noch eine Zeitlang unangetastet blieben, begannen
Massenentlassungen, wuchs die Arbeitslosigkeit, schwächte die Repression Streiks und andere Kampfmaßnahmen. Am 11. Januar 1923 trat das
Dekret Visocchi außer Kraft, das die Besetzung unbebauten Landes
legalisiert hatte. Am 16. Dezember wurde die Einkommensteuer auf die
Löhne der Arbeiter der öffentlichen und halbstaatlichen Körperschaften
ausgedehnt, am 4. Januar die Besteuerung der landwirtschaftlichen Einkommen eingeführt, die Kleinbauern und Halbpächter besonders traf. Es

folgte die Aufhebung der bislang eingefrorenen landwirtschaftlichen Pachtzinsen und die Abschaffung der ländlichen Kooperativen, später die Entlassung von 36 000 Eisenbahnern.

Mussolini unterstrich arrogant den antiproletarischen Charakter der Regierung; ... *sie ist eine Regierung, die harte Politik macht, grausame Politik, wenn man so will,* erklärte er am 8. Juni 1923 vor dem Senat. *Sie muß ihre Funktionäre zu Tausenden entlassen: es sind Richter, Offiziere, Eisenbahner, Werftarbeiter. Und jede Entlassung ist Anlaß zu Beunruhigung, zu Schmerz und Unbehagen Tausender von Familien. Ich habe Steuern auferlegen müssen, die sicher weite Kreise der italienischen Bevölkerung verwunden werden. Dieses italienische Volk hat noch nicht das gehabt, was man materielle Vorteile nennen könnte; es hat sie nicht gehabt!*[67] Am 21. Dezember 1923 kam es durch eine Abmachung zwischen den korporativ zusammengefaßten faschistischen Gewerkschaften und der «Confindustria» der Industriellen zur endgültigen Subordination der Gewerkschaften: es war der sogenannte «Pakt des Palazzo Chigi», der ganz im Zeichen der Klassenkollaboration stand.

Wirtschaftspolitische Maßnahmen bildeten die erste Teilstrecke von Mussolinis Projekt «für die organische Einheit aller bürgerlichen Kräfte in einem einheitlichen politischen Organismus unter Kontrolle einer einzigen Zentrale, die Partei, Regierung und Staat lenken» sollte.[68] Es ging darum, eine Partei «neuen Typs» zu gründen, um in einer «konsolidierten Gesellschaft» – in einheitlich und solide strukturiertem Kontext – die Hegemonie der Bourgeoisie über alle anderen Gesellschaftsschichten zu gewährleisten. Die folgenden Schritte richteten sich gegen das politisch-parlamentarische Lager und die institutionelle Ordnung des liberalen Staates. De facto nahm die faschistische Partei den anderen politischen Parteien jede Überlebensmöglichkeit, indem sie das Monopol der politischen Vertretung des Bürgertums für sich beanspruchte. Es galt, «die Konkurrenz zu beseitigen», angefangen bei jenen Organisationen, die über eine Massen-Basis verfügten (das Kleinbürgertum in Stadt und Land sowie die Bauern), die am meisten Ähnlichkeit mit dem Faschismus besaß.[69] Am 26. Februar 1923 erfolgte die Fusion mit den Nationalisten. Mit ihrer Absorption sicherte sich der Faschismus ein Reservoir von Verwaltungsbeamten mit alter Tradition, das direkt aus dem Großbürgertum stammte und in Regierungsfragen Routine besaß. Dann kamen die «Popolari» an die Reihe, die einem doppelten Druck durch die Vatikan-Diplomatie und die squadristische Gewalt ausgesetzt waren. Während die Faschisten im Juli 1923 die katholischen Parteibüros verwüsteten, beteiligten sich kirchliche Hierarchien aktiv am Sturz des antifaschistischen Parteisekretärs und Begründers der «Popolari», Don Sturzo. Diese Kreise waren Mussolini wegen seiner – auf Kosten des italienischen Staates erfolgten – Intervention in Sachen der zerrütteten Finanzen des Bankinstituts «Banco di Roma» verpflichtet, des Zentrums der vatikanischen Finanzen. Auf einen Streich sah sich die Partei ohne namhafte Unterstützung und Zustimmung für ihre Angelegenheiten; ihre politische Glaubwürdigkeit wurde von innen ausgehöhlt. Für die Liberalen und

«Demo-Sozialen» (vom Zentrum) gab es sowieso keine Probleme: ihre Bereitschaft zur Kollaboration war seit langem abgemachte Sache.

Auf der institutionellen Ebene ging es darum, den Staat als autoritäres, repressives Sammelbecken für die geplante «konsolidierte Gesellschaft» zu benutzen; also mußte er unbedingt und unverzüglich «gestärkt» werden, und damit kehrte die «forza» wieder einmal als entscheidendes Element der Mussolinischen Formulierungen zurück. Konsensus war nebensächlich: . . . *Ich erkläre, daß ich, wo das möglich ist, mit Zustimmung der Mehrzahl aller Bürger regieren will; aber in der Erwartung, daß diese Zustimmung sich ausbildet, größer und stärker wird, halte ich ein Maximum an verfügbarer Gewalt in Reserve.*[70] Die Subordination der Faschistischen Partei unter den Staat war eine Entscheidung für die institutionelle Kontinuität und gegen jeden revolutionären Bruch; sie war eine weitere Bestätigung der Überlegenheit des liberalstaatlichen politischen Personals über die Führer der faschistischen «Revolution». In einem Rundschreiben vom 13. Juni 1923 heißt es: «Der einzige und alleinige Vertreter der Regierungsautorität in den Provinzen ist der Präfekt und kein anderer als er.»[71]

Die ersten Regierungserfahrungen waren katastrophal. Der Einbruch der Faschisten in die Verwaltungsräte der Gesellschaften, in die öffentlichen Anstalten, in das Ambiente des «Sottogoverno» führte zu einer Reihe von berühmten Skandalen, die der Glaubwürdigkeit des neuen Regimes erheblichen Abbruch taten. Diese Episoden ließen in Mussolini die Erkenntnis reifen, «daß die faschistische Partei die Macht nicht mit den gleichen Führern halten konnte, mit denen sie diese erobert hatte»[72]. Die Auflösung der Squadren und ihre Institutionalisierung zur MVSN – Milizia Volontaria per la Sicurezza Nazionale [Freiwillige Miliz für nationale Sicherheit] – war ein Volltreffer gegen den «Autonomismus» der faschistischen Basis. Der militärische Apparat der Partei kam unter direkte Heereskontrolle. Nach Schaffung der Miliz ging die festere Kopplung zwischen Faschistischer Partei und Staat durch Herausbildung einer neuen Institution weiter. Es war der Große Faschistische Rat (Gran Consiglio): *das Koordinierungsorgan zwischen den verantwortlichen Kräften des Faschismus*; formal war er der Partei übergeordnet, de facto in ein streng institutionell vorgegebenes Konzept eingebettet.

Es lag nahe, daß die mittleren Parteikreise solchen Maßnahmen und überhaupt dieser, der Partei zugedachten Nebenrolle, Widerstand entgegensetzten. Mussolinis Kontinuitätsprinzip frustrierte viele der «extremistischen» Ambitionen, die sich an die Machtergreifung knüpften. Zur Explosion kam es im Sommer 1923 in Kreisen überwiegend kleinbürgerlicher Herkunft, vor allem bei der Landbevölkerung. Aber auch jetzt konnte das squadristische Element der faschistischen Politik keine konkrete Richtung angeben. Als man die Sturmtruppler während der schwierigen Tage der «Matteotti-Krise» zu ihrer traditionellen Aufgabe zurückbeorderte, das wackelnde faschistische Gebäude mit ihren Waffen zu stützen, erwiesen sie sich als fügsame Gefolgsleute.

Don Sturzo

Am 6. April 1924 gab es neue politische Wahlen. Das Wissen um die Zerbrechlichkeit der Zustimmung im Lande hatte Mussolini veranlaßt, die Kammern aufzulösen, womit er verschiedene Ziele verfolgte. Einmal wollte er sich des unbequemen Parlaments entledigen, das in einer anderen politischen Phase gewählt war und auf der linken Seite zu zahlreich vertreten war; zum anderen wollte er sich vor den zentrifugalen Druckwellen der extremistischen Richtungen schützen, die seine Bewegung von innen bedrohten und an den Patriotismus der Partei appellierten; schließlich wollte er der Herausbildung einer Opposition entgegenwirken, die auf breiten Zustrom aus dem wirtschaftlich am härtesten betroffenen Schichten rechnen konnte.

Am 21. Juli 1923 war ein neues Wahlgesetz ergangen («la legge Acerbo»), das derjenigen Liste, die 25 Prozent der Stimmen erhielt, zwei Drittel aller verfügbaren Sitze sicherte, während den Oppositionslisten auf jeden Fall nur das restliche Drittel der Sitze blieb, auch wenn sie zusammen 75 Prozent der Stimmen erhielten. Das Gesetz hatte Strafcharakter und war voller Diskriminierungen für die Minoritäten. Von der Kammer wurde es nur votiert, weil die «Popolari» und andere konservative Parteien weitgehende kollaborationistische Zugeständnisse an die Faschisten machten. Die Neuwahlen sollten außerdem als Prüfstand für die politische Homogenität des regierungsfreundlichen parlamentarischen Lagers dienen und seine erste Sanktionierung durch das Wahlvolk werden. Tatsächlich zogen in die «Einheitsliste» Seite an Seite mit den Faschisten Prestigenamen aus dem liberalen Italien ein wie Salandra, Nitti, Orlando, De Nicola, Giovannini.

Der Wahlkampf wurde hart geführt und war durch eine Wiederaufnahme der squadristischen Gewalt im großen Stil geprägt, was sich mit Prügeln für die namhaftesten Exponenten der Opposition äußerte. Dennoch errangen die Faschisten keinen überwältigenden Sieg. Sie erhielten 4 884 000 Stimmen, die ihnen dank der «Legge Acerbo» 374 Sitze eintrugen (260 für die Faschisten und 114 für ihren Flankenschutz). Die politischen Gegner brachten es auf 2 373 000 Stimmen. Als die Kammer am 30. Mai 1924 eröffnet wurde, beantragte Giacomo Matteotti die Ungültigkeitserklärung der Wahlen und bezichtigte die Faschisten der Wahlumtriebe und Gewaltanwendung. Es sollte die letzte Rede des sozialistischen Abgeordneten sein. Er wurde am 10. Juni gekidnappt, seine Leiche aber erst am 16. August in der Umgebung Roms aufgefunden. Eine faschistische Squadra unter dem Kommando von Amerigo Dumini hatte ihn ermordet.

Unter der nun ausbrechenden Welle von Wut und Empörung, die das ganze Land erschütterte, schien der ganze faschistische Machtkomplex zu wanken. Mussolini sah sich auf besorgniserregende Weise isoliert, ohne Unterstützung von den Wirtschafts-Potentaten, deren Wünschen er doch in jeder Beziehung nachgekommen war. «Solange der Faschismus ein Element der Ordnung, der Ruhe, der Möglichkeit zu ausgeglichener, gewinnbringender Arbeit ist, wird die Industrie auf seiten der Regierung stehen. Sollte der Faschismus aber zu einem – wenn auch indirekten – Element der Unordnung werden und sollte es zu Erschütterungen, tumultuarischen Manifestationen und unbesonnenen Streiks kommen, würde sie unsere Zustimmung nicht länger finden», las man im September 1924 in der Zeitschrift des Unternehmerverbands «Confindustria».[73]

Mussolinis erste Erklärungen waren verlegen und defensiv: *Nur ein Feind, der nächtelang Diabolisches sann, konnte dieses Verbrechen begehen, das uns heute mit Entsetzen schlägt.*[74] Die Front der Opposition festigte sich: am 18. Juni verpflichteten sich alle Parteien und Gruppen zu einer gemeinsamen Aktion. Am 27. Juni versammelten sich die antifaschistischen Abgeordneten in der Aula B des Palazzo Montecitorio und gründeten die parlamentarische Sezession des «Aventin», als Zeugnis einer unbeugsamen «moralischen Opposition» zum Regime. Die Krise erreichte ihren Höhepunkt. Die faschistische Führungsspitze schien unmittelbar in die blutige Angelegenheit verwickelt. Vergeblich opferte Mussolini seine kompromittiertesten Mitarbeiter und benutzte so bewährte Männer wie Cesare Rossi, Aldo Finzi und selbst den Polizeichef de Bono als Sündenböcke. Er hatte sich nie übertriebene Vorstellungen von der Solidität der Volkszustimmung gemacht und stand nun allein, ihm zur Seite nur Farinaccis «Irriducibili» [Unbeugsame], an die er sich klammern mußte. Die Ohnmacht des Duce war für diese Leute Veranlassung, den «Mythos» der «zweiten Welle» wiederanzukurbeln. Dieser Prozeß sollte der faschistischen Revolution den Charakter einer vollendeten Tatsache verleihen, und nur Mussolinis Hang zu guten Manieren hatte ihn eine Zeitlang aufgehalten. «. . . Eines Tages im August 1924 kamen 156 Squadristen aus Bologna mit Schwarzhemden in ca. 30 Lastwagen in Rom an», schrieb Paolo Monelli. «Sie ließen die Wagen in der Villa

Borghese und kamen von hier aus zu Fuß über die Piazza del Popolo und den Corso zum Palazzo Chigi. Es war ein bunter Haufen, die einen trugen den Fes, andere waren behelmt, manche hatten Velourhüte auf, einige kamen in feldgrauen Hosen, andere in Zivil; aber alle im Schwarzhemd und mit Parteiabzeichen (das man in jenen Tagen in Rom nicht mehr sah). Sie marschierten mit schwerem Schritt und drohenden, finsteren Mienen hinter einem Wimpel her, den Arconovaldo Bonaccorsi trug . . . Sie betraten den Palazzo Chigi. Chievolini brachte sie in den Ecksaal, wo damals Mussolini als Außenminister residierte. Mussolini stand hinter seinem Schreibtisch, blaß, unrasiert. Er umarmte Bonaccorsi und fragte dann zur Schar gewandt mit liebenswürdiger, beinahe pathetischer Stimme: ‹Weshalb seid Ihr gekommen?›» Sie waren gekommen, um ihn zu «remontieren», um ihm – in Gestalt der zweiten Welle – den Ausweg aus der Krise anzudeuten.[75] Mussolini fand seinen Mut vor allem darum wieder, weil es dem «Aventin» an jeglicher politischer Initiative mangelte. Man wartete wie gelähmt auf ein Wort des Königs über Mussolinis Absetzung. Allmählich kehrte Benitos gewohnte Arroganz zurück. In einer Rede am Monte Amiata am 31. August tönte er: . . . *Die Oppositionsparteien, das versichere ich Euch, sind alle miteinander vollkommen machtlos. An dem Tag, da sie von ihrem lästigen Geschwätz zu konkreten Tatsachen übergehen sollten, machen wir aus ihnen Streu für die Zeltlager unserer Schwarzhemden.*[76] Was ihn rettete war einmal mehr der Konsensus des Vatikans, der Monarchie und der übrigen realen Machtzentren des Landes. Am 12. September tötete ein Arbeiter in einer römischen Straßenbahn den faschistischen Abgeordneten Armando Casalini, um Matteotti zu rächen. Dem Immobilismus der konstitutionellen Oppositionen stellte sich eine

Die Parlamentarier des «Aventin» (Aventinianer):
eine Sitzung der Oppositionsgruppen in Montecitorio

Giacomo Matteotti

autonome Initiative des Volkes «von unten» entgegen, ein gefährliches Sammelbecken für Teile des kleinen und mittleren Bürgertums, das von den ersten Proben der faschistischen Regierung enttäuscht war, desorientiert durch eine bisher nicht dagewesene antifaschistische Pressekampagne der großen Zeitungen und das fassungslos das verlegene Stillhalten Mussolinis mitansah. Das Gespenst einer Linkswendung ging wieder um, das am 28. Oktober 1922 doch endgültig exorzisiert zu sein schien.

Diese Gefahr reichte auch diesmal wieder aus, den offenen Widerspruch des sozialen Blocks, der den Faschismus stützte, zusammenzuschweißen und den pathetischen Immobilismus des «Aventin» in der Abstraktheit seines Moralismus zu bestätigen. Vittorio Emanuele III. rührte keinen Finger, um die Verfassung zu verteidigen, und der erste Zug ging wiederum an Mussolini.

Der Druck, den der Provinzfaschismus für die «zweite Welle» einsetzte, wurde jetzt sehr stark. Am 31. Dezember ließen sich die Miliz-Konsuln vom Duce empfangen. Gerade war in den antifaschistischen Zeitungen eine Denkschrift von Cesare Rossi erschienen, die alle faschistischen Hierarchien als in den Mord an Matteotti verwickelt bezeichnete. Die Opposition hatte offenbar neue Anregungen erhalten. Daraufhin machten Tausende von Squadristen, vor allem in der Toskana, mobil, um einen zweiten Marsch auf Rom zu beginnen. Für den 3. Januar 1925 war die Wiedereröffnung des Parlaments vorgesehen. Die Furcht der Opposition, einen zu weit gehenden Linksdrall auszulösen, die unzweideutigen

Entscheidungen der Monarchie und des Vatikans zugunsten der Kontinuität des Regimes und die militärischen Initiativen der Squadristen beeinflußten an dieser entscheidenden Schwelle Mussolinis Verhalten. Während der jetzige Innenminister, der Nationalist Luigi Federzoni, den Präfekten Vorschriften für die Sequestrierung der antifaschistischen Zeitungen gab, nahm Mussolini, ohne länger zu zögern, die Urheberschaft des Matteotti-Mords auf sich: *... ich erkläre hier vor dieser Versammlung und vor dem ganzen italienischen Volk, daß ich, ich allein die politische, moralische, historische Verantwortung für das, was geschehen ist, auf mich nehme. Wenn der Faschismus eine Verbrecherbande ist, dann bin ich eben der Anführer dieser Verbrecherbande.* Und nachdem er die Opposition herausgefordert hatte, ihn gemäß Art. 47 der Verfassung anzuklagen, schloß er mit den Worten: *... Wenn zwei Elemente in Streit miteinander geraten und beide unbeugsam sind, dann ist die Lösung Gewalt ... Ihr*

Mussolini empfängt den König am Eingang von Montecitorio, dem Sitz der Deputierten-Kammer

Immer höher hinauf!
(Karikatur von Cuore in der satirischen Zeitung «L'Asino»)

habt Euch Illusionen gemacht! Ihr glaubtet, der Faschismus sei am Ende, weil ich ihn niederhielt, er sei tot, weil ich ihn züchtigte und auch noch die Grausamkeit besaß, es zu sagen. Aber wenn ich nur den hundertsten Teil der Energie einsetzen würde, mit der ich ihn niederhielt, um ihn zu entfesseln, dann könntet Ihr etwas erleben. Das ist aber nicht notwendig, denn die Regierung ist stark genug, um endgültig und völlig mit der Rebellion des Aventin zu brechen ... Seid versichert, daß in den 48 Stunden, die auf meine Rede folgen, die Lage auf der ganzen Ebene geklärt sein wird.[77]

Drei Tage später berichtete der Innenminister, daß 95 politische Zirkel geschlossen, 25 subversive Organisationen aufgelöst, 150 öffentliche Lokale gesperrt worden seien: es hatte 655 Haussuchungen und 111 Verhaftungen gegeben. Es bedeutete das Ende für die politischen Parteien der Opposition; zwei Jahre später sollten sie dann auch formal verschwinden.

Die Macht (1925–1936)

. . . Die Lage im Innern ist eindeutig unter Kontrolle der faschistischen Partei, alles übrige zählt höchstens als Material für die Archäologie.[78] Seit den schwierigsten Momenten der «Matteotti-Krise» war noch kein Jahr vergangen, als Mussolini diese Behauptung am 16. November 1925 völlig zu Recht aufstellen konnte. Sobald die große Angst abgeklungen war, tauchten arrogante und triumphale Töne in seinen Bemerkungen über die Opposition der Aventianer auf: sie war nur *Tintenverschwendung* gewesen, *zentner- ja tonnenweise gedrucktes Papier, kilometerlange mühevoll zusammengeschriebene Artikel, die kein Mensch las*[79]. Das Volk hatte die repressive Gewalt ja doch gutgeheißen: *. . . die breiten Massen des italienischen Volkes sind über diese Rückkehr zur Strenge nur froh, denn das italienische Volk liebt, wie alle ästhetisch orientierten Völker klare festumrissene Gestalten, es liebt stilistische Kontinuität. Ein Mussolini, der sich mit Transformismus befleckte, würde bald die Sympathien des italienischen Volkes verlieren.*[80]

Dieses System kann nur mit Gewalt gestürzt werden, hatte Mussolini in Mailand am 28. Oktober 1925, dem Jahrestag des Marsches auf Rom, gesagt. *Wer da glaubt, man könne uns durch kleine Hintertreppenverschwörungen oder mit Strömen von mehr oder weniger schmutziger Tinte beiseite schieben, wird seine Illusionen aufgeben müssen.*[81] Das Kräfteverhältnis hatte sich jetzt ganz zugunsten des philofaschistischen Machtblocks verlagert. Der Ausschaltung der inneren Gegner folgten wichtige außenpolitische Erfolge und Solidaritätsbezeigungen von Ländern wie den Vereinigten Staaten und selbst England. Die 1926 von Amerika bewilligten Bankkredite trugen in erheblichem Maße zur politischen Stabilisierung des Regimes bei und ermöglichten die «Einbeziehung Italiens in das System der westlichen Notenbanken und in die internationale Finanzgemeinschaft».[82] Außerdem erfüllten sie Wünsche, die der dynamischere Teil des italienischen Kapitalismus schon lange gehegt hatte.

Die Amerikaner, die ein großes Volk mit einem ziemlich strengen Regierungssystem sind, haben zwar eine große Statue von der Freiheit an ihrem Hafenufer stehen, halten sie aber im Innern streng unter Kontrolle[83], erinnert Mussolini dankbar, und *sie sympathisierten sofort, als sie die Vertreter des neuen Italien vor sich hatten.* England hatte seine Bereitschaft schon bekundet, als es 1924 das Dschuba-Gebiet an Italien abgetreten hatte und auf diese Weise eine vorteilhafte libysch-ägyptische Grenzbereini-

Mussolini: Der Staat bin ich!
Zeichnung von Hahn jr. im Amsterdamer «Noterkraker» nach der
Rede Mussolinis zum Himmelfahrtstag 1927; aus «Cesare di Car-
tapesta» [Pappmaché-Cäsar], VEGA, Turin 1945)

gung ermöglichte. Auch der am 26. November 1926 abgeschlossene «Tirana-Pakt», durch den eine Art italienisches Protektorat über Albanien eingeführt wurde, war auf keinen Widerstand gestoßen.

Mussolini hatte gesiegt, aber er wollte auf der ganzen Linie siegen. Der Faschismus sollte die Niederlage der Linken und der Arbeiterbewegung sanktionieren; vor allem aber sollte er die Rache und Strafe für ein Proletariat darstellen, das zwar keine siegreiche Revolution zustande gebracht, wohl aber die «große Angst» des Bürgertums geweckt hatte.

Die neuen sozialen Verhältnisse, die der Sieg des Faschismus zur Folge hatte, mußten dringend einen adäquaten legislativen Rahmen bekommen. So wurde ein imposanter Normenkomplex verabschiedet, der die Verteidigung des Regimes gegen alles aktivistische Aufmucken der oppositionellen Strömungen bezweckte. Mussolini motivierte vor der Kammer ein neues Gesetz über kollektive Arbeitsverhältnisse mit folgenden Argumenten: . . . *dieses Gesetz geht aus einer bestimmten politischen und moralischen Atmosphäre hervor, es ist das Produkt eines bestimmten Regimes. Es bestehen keine Gefahren, solange dieses Regime unbesiegbar ist und die moralische Atmosphäre, in der die Nation atmet, sich nicht verändert.*[84] Dies war eine Wende der faschistischen Initiative auf legislativem Bereich. Bisher hatte man sich auf die «ordentliche Geschäftsführung» beschränkt und Projekte verwirklicht wie die Neuorganisation und Straffung der bürokratischen Staatsstrukturen, die schon vor 1922 auf dem Programm gestanden hatten. Von diesen chaotischen, fragmentarischen Maßnahmen waren bisher einige Institutionen, wie der Justizapparat, gänzlich verschont geblieben, da sie als Garanten für die Kontinuität mit dem früheren liberalen Staat von Bedeutung waren. Jetzt stellte sich die repressive Absicht als «Organisationsprinzip» einer organischen Gesetzgebungspolitik dar. Die Rechte der Opposition wurden durch das Gesetz über die Kontrolle aller politischen Vereinigungen vom 26. November 1925 und durch ein weiteres Gesetz aufgehoben, das die Regierung ermächtigte, Staatsbedienstete zu entfernen, um mit dieser Säuberungsaktion die Faschistisierung des Staatsapparats einzuleiten. Das erste Gesetz befreite das Regime von den Freimaurern und damit von einer Konkurrenz, die zum Orientierungspunkt für das Bürgertum werden konnte, und war ganz im Sinn von Mussolinis Totalitätsbestrebungen. Beide Gesetze trafen jedenfalls die andersorientierten Parteien, vor allem die der Linken.

Auch die persönliche Diktatur des Duce erfuhr eine Bestätigung. Am 18. November 1925 wurde das Gesetz über die Aufgaben und Privilegien des Regierungschefs vorgelegt, dessen Amt nun zum «wesentlichen Organ, durch welches sich die Staatssouveränität äußert», umfunktioniert wurde. Am 31. Januar erging ein Gesetz, auf Grund dessen die Exekutive Rechtsnormen erlassen konnte. Als Vorwand für diese Maßnahmen diente das fehlgeschlagene Attentat des ehemaligen sozialistischen Abgeordneten Zaniboni. Die Tätigkeit Mussolinis wurde durch diese Maßnahmen jeder möglichen parlamentarischen Kontrolle entzogen. Es bestand nur noch das formale Abhängigkeitsverhältnis von der Krone. In der Praxis der liberalen Regierungen, vor allem der Regierungen Crispi und Giolitti, war die Übermacht der Exekutive an der Tagesordnung gewesen, hatte aber ihre konstitutionellen Grenzen stets am Buchstaben des «Albertinischen Statuts» gefunden (das Statut des Carlo Alberto von Savoia, vom 4. März 1848, zunächst für das Königreich Sardinien, später Verfassung des italienischen Königreichs bis zur Proklamation der Republik im Juni 1946). Mussolini verwirklichte die Absichten seiner Vorgänger, indem er nun auch mit den Normen des Statuts brach: ... *aber das Statut, meine Herren, kann nicht der Nagel sei, an dem man alle italienischen Generationen aufhängen darf.*

Wir haben den Parlamentarismus bezähmt, hatte er am 21. Juni 1925 behauptet. *Die Exekutivgewalt ist allgegenwärtige, tätige Gewalt im Leben der Nation, ist Macht, die in jeder Minute Macht ausübt.*[85]

Der autoritären Konzentration politischer Gewalt entsprach auf der anderen Seite die Auflösung aller Dezentralisierungsmomente und aller lokalen Autonomie. Die Gemeinderäte und Wahlbürgermeister wurden als Institutionen abgeschafft und an ihre Stelle traten jetzt die königlich ernannten «Podestà»; auch die Amtsbefugnisse der Provinz-Präfekten erfuhren eine Stärkung. In der Zwischenzeit war ein strenges Pressegesetz ergangen. Die Journalisten wurden in einen Berufsverband mit starker hierarchischer Gliederung zusammengefaßt.

Mussolini war bereits zwei Attentaten ohne größere Verletzungen entgangen. Am 7. April 1926 hatte eine etwas angejahrte irische Junggesellin, Violet Gibson, mit der Pistole auf ihn gefeuert und seine Nase gestreift. Am 11. September hatte der Anarchist Gino Lucetti einen primitiven Sprengkörper auf die Eskorte des Präsidenten geschleudert. Ein drittes, recht undurchsichtiges Attentat kostete einem wahrscheinlich unschuldigen Jugendlichen, Anteo Zamboni, das Leben, der an Ort und Stelle von Squadristen als mutmaßlicher Attentäter gelyncht wurde. Dieses Attentat wurde aber als Vorwand benutzt, um das repressive Bauwerk des Regimes zu festigen. Am 6. November erließ man ein neues Gesetzeswerk über das Polizeiwesen. Am 9. November wurden die Mandate der 123 Abgeordneten der Opposition für ungültig erklärt. Am 25. November führte ein «Gesetz zur Verteidigung des Staates» die Todesstrafe für Attentate auf den Regierungschef ein. Zu diesem Zweck schuf man ein Sondergericht aus Militärrichtern zur Aburteilung antifaschistischer Verbrechen: ... *ich muß dem noch hinzufügen, daß das Sondergericht, so wird es im Gesetz genannt, aus Personen meiner Wahl zusammengesetzt ist, die in jeder Hinsicht absolut über jeden Verdacht erhaben sind.*[86] Um den Unterdrückungsapparat noch wirksamer umstrukturieren zu können, wurden 1927 auch die erforderlichen Ausführungswerkzeuge für die neue Gesetzgebung geschaffen: Arturo Bocchini wurde Chef der Polizei, die inzwischen über 100 000 Mann verfügte, und «graue Eminenz» des Regimes. Das waren die Grundlagen für die O. V. R. A. (Opera Vigilanza Repressione Antifascismo), die berüchtigte Geheimpolizei des Regimes.

Die squadristische Initiative hatte jetzt eigentlich ihren Zweck erfüllt, wenn sich die Gewaltmaßnahmen auch noch über das ganze Jahr 1925 hinzogen. Die «Normalisierung» gehörte ausschließlich zum Aufgabenkreis der Polizei. Im Oktober schrieb Mussolini: *Der Squadrismus war ein Instrument der faschistischen Aktion, eine materielle Parteiformation; ein Aspekt des Faschismus in einem bestimmten historischen Augenblick und nicht mehr als dies.* Am 12. Februar 1925 wurde Roberto Farinacci, der «extremistischste» von allen, Parteisekretär der PNF. Es war eine Belohnung für seine ausschlaggebenden Interventionen während der schwierigsten Phasen der Aventinianer-Krise. Eigentlich war seine Ernennung zum Parteisekretär ein geschickter taktischer Schachzug, um seine turbulente Intrigantentätigkeit unter dem Gewicht offizieller Verantwortlichkeit lahmzulegen, so daß Innenminister Luigi Federzoni das Monopol der repressiven Aktionen gegen die oppositionellen Kräfte bekam. Das Amt des «PNF-Sekretärs» war in der damaligen Phase allen autonomen Inhalts entblößt. Die Partei war jetzt de facto «Einheitspartei» und hatte schon längst darauf verzichtet, eigene leitende Funktionäre auszubilden. Das Regime bediente sich hierfür lieber des alten politischen Personals aus dem Liberalstaat. Die Partei schien darauf festgelegt, «Konsensus zu organisieren», und um sich dieser Funktion mit Effizienz widmen zu können, mußte sie unbedingt alle dialektischen Fermente in ihrem eigenen Innern ersticken. In dem neuen Statut, das der Faschistische Großrat (Gran Consiglio) im Oktober 1926 verabschiedete, gab es keine Wahlämter mehr. Das System der von oben erfolgenden Ämterbesetzung normalisierte zwar die Partei, führte aber zu ihrer politischen Paralyse. Nach dem voraussehbaren Rücktritt Farinaccis am 30. März 1927 wurde die Ausschaltung der alten Kader und der Verzicht auf ehrgeizige Anwandlungen «der Basis» endgültige Tatsache. Die Partei entpolitisieren, um die Gesellschaft zu entpolitisieren, lautete die Devise eines Programms, das Mussolini schon am 21. Juni 1925 auf dem faschistischen Kongreß in Rom unterstützt hatte. So konnte dieser Kongreß eigentlich aufhören, *bevor er richtig begonnen hatte, 1. weil die Partei sich vor vollendete Tatsachen gestellt sah . . .; 2. weil die PNF heute so graniten und einmütig dasteht wie nie zuvor; 3. weil ich euch jedesmal hätte umarmen mögen, wenn ich sah, wie jemand von euch auf das Wort verzichtete oder wenn ich jemanden von euch geradezu auf die Rednertribüne schieben mußte.*[87]

Einheitspartei und Polizeigesetze prägten das totalitäre Image eines Regimes, dessen repressive Machtentfaltung hauptsächlich gegen die Arbeiterklasse gerichtet war. Unter dem Druck ökonomischer Schwierigkeiten, die den ursprünglichen faschistischen Wirtschaftsliberalismus recht bald verwässerten, mußten sich die Arbeiter erhebliche Lohnkürzungen gefallen lassen, während die Offensive gegen die verbliebenen gewerkschaftlichen Rechte wieder anlief. Als sich die faschistischen Gewerkschaften bei den mailändischen Streiks vom 24. und 25. April 1925 beteiligten, wurden sie durch einen Tagesbefehl des Faschistischen Großrats angegriffen. Durch den «Pakt des Palazzo Vidoni» vom 2. Oktober wurde zwar ihre Rolle als «alleinige Gegenseite» durch den Spitzenverband der Industriellen (Confindustria) anerkannt, aber es war ein hoher

Preis zu zahlen, nämlich die Abschaffung der «Inneren Kommissionen». Unter Verleugnung dieser wichtigen Errungenschaft der Arbeiterklasse verzichteten die Gewerkschaften auf das einzige Element ihrer organisierten Präsenz im Innern der Fabriken. Damit bauten sie eigenhändig ihre Bedeutung als Verhandlungspartner ab. Am 6. Oktober übertrug der Faschistische Großrat die Schiedsgerichtsbarkeit für gewerkschaftliche Konflikte auf ein besonderes Arbeitsgericht. Zwei Gesetze von April und Juli 1926 regelten diese Materie definitiv, indem sie Streiks und Aussperrungen einfach untersagten und damit der Klassengegensätzlichkeit ihre wesentlichste Kampfform nahmen. Gleichzeitig wurde die tägliche Arbeitszeit wieder auf neun Stunden heraufgesetzt, während die Lohnerhöhungen im Verhältnis zu den Lebenskosten 100 Punkte unter dem Vorkriegsniveau lagen.

Da die Lohnsteigerung jetzt der vertraglichen Regelung durch die Sozialpartner entzogen war, konnte sie nur noch als «Gabe» von oben verstanden werden. Als die Gehälter der staatlichen Beamten und Angestellten erhöht wurden, konnte Mussolini wohlgefällig kommentieren: *. . . das Verhalten der Staatsdiener ist zufriedenstellend, sowohl vor- wie nachher, denn die Staatsdiener wissen und müssen wissen, und ich wiederhole es hier noch einmal: ein sicheres Mittel, um keinen einzigen Pfennig zu bekommen, ist Agitation. Die Zeit der Agitierenden, der Agitatoren, der ständig wiederkehrenden Agitationen ist vorbei.*[88] Schließlich wurde am 21. April 1927 die «Carta del Lavoro» verabschiedet, das ideologische Dokument des faschistischen Korporativismus. Die «Carta» war der anmaßende Versuch einer doppelten Negation von «Liberalismus» und «Sozialismus» und ein konkreter Appell an den sozialen Ausgleich zwischen «Kapital» und «Arbeit». Im Mai 1925 hatte Mussolini geschrieben: *. . . Der faschistische Syndikalismus betrachtet das Element des Kapitals nicht als ein Element, das zu unterdrücken ist, denn das ist praktisch und historisch absurd, sondern als ein freier zu gestaltendes, auszubauendes Element.*[89] Das war eine seiner kollaborationistischen Interpretationen, die er noch unterstrich, indem er auf seine Vergangenheit als Gewerkschaftler und seine Kompetenz in dieser Materie hinwies: *. . . es hat überhaupt keine Frage von größerem gewerkschaftlichem Interesse gegeben, die ich nicht geprüft und bisweilen auch gelöst hätte.*[90] Aber in Wahrheit blieb seine Befürwortung des «nationalen Syndikalismus» weiterhin an die tiefe Verachtung der Massen geknüpft: *. . . Die niedrigen Klassen, die mit der Erde verwurzelt und noch barbarisch genug sind, um nicht alle Vorteile des sogenannten modernen Komforts zu schätzen, haften dem eigenen Vaterland am verzweifeltsten an.*[91]

Diese wenigen Verbalkonzessionen an seine gewerkschaftlichen Erfahrungen ließen die neuen Aspekte seiner Persönlichkeit noch deutlicher hervortreten: als Regierungschef, Innen- und Außenminister, Befehlshaber über Heer, Marine und Luftwaffe, Chef der faschistischen Partei und Duce des Faschismus war er der mächtigste Politiker in der Geschichte des vereinigten Italien. Bei seiner Ansprache zum Himmelfahrtstag, am

27. Mai 1927, konnte er sich als Schöpfer einer neuen Tyrannenherrschaft und bewährten Diktatur präsentieren: . . . *alle Zeitungen der Opposition sind unterdrückt, alle antifaschistischen Parteien aufgelöst. Wir haben eine Spezialpolizei für die Regionen und politische Fahndungsbüros eingerichtet und ein Sondergericht geschaffen, das ausgezeichnete Arbeit leistet.*[92]

Mussolini war das unbestrittene Oberhaupt eines Landes, aber nicht das Haupt einer siegreichen Revolution. Dieser Jugendehrgeiz sollte ihm nicht in Erfüllung gehen. Das Regime hatte die alten konservativen Gleichgewichte auf einem autoritäreren Niveau und mit reaktionäreren Inhalten wiederhergestellt. Es hatte die Risse geflickt, welche die Klassenkonflikte in das fadenscheinige Gewebe des alten Liberalstaats gerissen hatte; aber es war ihm nicht gelungen, ein Schema zu verändern, das in allen seinen wichtigsten Entscheidungen – von den ökonomischen bis zu den institutionellen – nach den Plänen ganz alter Hegemonien und Machtzentren strengstens festgelegt war, und diese hatten schon lange vor dem Regime existiert und sollten es bei weitem überdauern.

Der Faschismus paßte sich dem Staat an, ebenso wie er sich den Kräfteverhältnissen zwischen den Klassen angepaßt hatte, indem er in ihrem Innern die bürgerliche Vorherrschaft festigte. Er akzeptierte den Fortbestand der Krone und ließ die Organisation der katholischen Kirche unangetastet, da beide typische institutionelle Instrumente der Kontinuität waren. Sein totalitärer Ehrgeiz machte immer an dieser Schwelle halt, die er für nicht überschreitbar hielt.

Das faschistische Regime beabsichtigte zu keiner Zeit, die säkuläre Autorität des Vatikans in Italien zu stürzen. Da es auf diese Weise sein inneres und internationales Prestige mehren konnte, war ihm vielmehr daran gelegen, die Anerkennung des Vatikans zu erringen, die allen Regierungen des liberalen Italien seit 1870 verweigert worden war. Verhandlungen in dieser Richtung waren schon seit 1926 im Gang, und Mussolini verfolgte sie stets aufmerksam. In der Schlußphase beteiligte er sich selbst daran und übernahm alle Verantwortung für die beträchtlichen Zugeständnisse an den Vatikan; immerhin ging es um so relevante prinzipielle Fragen wie die «Konkordatsehe»: . . . *eine furchtbare Verantwortung, die nicht nur Vergangenes regelte, sondern für die Zukunft Verpflichtungen einging! Und ich konnte keinen um Rat fragen. Nur mein Gewissen mußte mir nach langen mühsamen Meditationen den Weg zeigen.*[93]

Mit der Unterzeichnung der Lateranverträge am 11. Februar 1929 war das Ziel endlich erreicht, und Mussolini konnte sich als ein Staatsmann präsentieren, der die alte «römische Frage» gelöst hatte. Der Papst fand für ihn das ungewöhnliche Attribut des «Mannes der Vorsehung». Mussolini gab das Kompliment umgehend zurück: . . . *wir hatten das Glück, einen wirklich italienischen Papst als Gesprächspartner zu haben.* Infolge der zahlreichen Kritiken an dem Abkommen gestattete er sich auch einige Ausfälle: . . . *Nun gut, meine Herren, wir haben die weltliche Macht der Päpste nicht wiederaufleben lassen; wir haben sie begraben . . . der faschistische Staat ist katholisch, er ist aber vor allem faschistisch, ja, ausschließ-*

Postkarte zur Erinnerung an die Lateran-Verträge
(Cavour, Papst Pius XI., König Vittorio Emanuele III., Mussolini)

lich und im wesentlichen faschistisch – ein Augenzwinkern in Richtung der antiklerikalen Kräfte des Regimes. Er war sich bewußt, einen nützlichen Kompromiß geschlossen zu haben – . . . *es ist pueril, von Siegern oder Besiegten zu sprechen. Man kann von der absoluten Billigkeit des Abkommens reden*[94] – und nahm sich vor, das bei passender Gelegenheit zu seinem Vorteil zu nutzen. An Stelle der traditionellen politischen Wahlen fand am 24. März ein «nationales Plebiszit» zur Erneuerung der faschistischen Kammer statt. Es handelte sich darum, mit «Ja» oder «Nein» über eine Vierhundert-Namen-Liste abzustimmen, die der Faschistische

*Propaganda des Regimes für die Wahlen vom 24. März 1929,
mit Einheits-Stimmzettel*

Großrat aufgestellt hatte: eine Einheitsliste für ganz Italien ... *Das Volk
wird vollkommen frei abstimmen. Ich brauche gleichwohl kaum in Erinnerung zu rufen, daß man eine Revolution durch Plebiszit weihen, nicht aber
stürzen kann*[95], lautete seine Mahnung am Vorabend. Es gab 8 517 838
Ja-Stimmen und nur 135 773 Nein-Stimmen. Die Empfehlungen des
Kirchenapparates für den «Mann der Vorsehung» waren deutlich gewesen.

Auch mit der Monarchie vermied Mussolini jeden frontalen Zusammenstoß. Während der zwanzig Jahre faschistischer Herrschaft lebte die
institutionelle Monarchie in einem politischen «Schwebezustand», ohne

daß die strukturellen Bedingungen dieser Diarchie jemals verändert worden wären, die dann ihren zwangsweisen Exitus am 25. Juli 1943 haben sollte. Zu einer gewissen Spannung kam es, als am 9. Dezember 1928 das Gesetz über die Konstitutionalisierung des Faschistischen Großrats verabschiedet wurde. Die Parlamentsreform hatte nämlich diesem Organ die Auswahl der 400 Kandidaten für die Einheitsliste übertragen, was praktisch auf 400 mit Sicherheit gewählte Deputierte hinauslief. Es handelte sich also um eine Funktion von so unmittelbar konstitutioneller Bedeutung, daß unbedingt eine gesetzliche Sanktionierung erfolgen mußte. Außerdem sollte der Großrat im Fall der Thronfolge und beim Vorschlagsrecht für den Regierungchef gehört werden. König Vittorio Emanuele III. war durch diese ungewohnte Einmischung in die dynastischen Angelegenheiten zutiefst irritiert. Aber es handelte sich lediglich um eine theoretische Machtzuteilung an ein Organ, das immer weniger Bedeutung im Organisationsplan des Regimes haben sollte. Die Monarchie wurde durch das Gesetz nicht einmal geritzt und konnte ihre Symbiose mit dem Faschismus ohne weitere Erschütterungen fortsetzen. Mussolini selbst erwähnte damals, als die Polemiken am heißesten waren, die geschickte Geste des Königs, der gerade in den Tagen der Gesetzesverabschiedung eine Votivlampe zum Gedächtnis der «Schwarzhemden» in der Kapelle des «Fascio» von Bologna angezündet hatte.

Nachdem ein Modus vivendi aus Kompromissen mit der Monarchie und dem Vatikan hergestellt war, beschränkte sich Mussolini auf Reformen, die durch die schwere italienische Krise der Nachkriegszeit unumgänglich wurden: . . . *Wir haben jetzt für die faschistischen Gesetze und für die Verteidigungsgesetze abgestimmt*, behauptete Mussolini am 21. Juni 1925, *später kommen die schöpferischen und aufbauenden Gesetze*[96], ein Versprechen, das nie gehalten wurde.

Zu dem drastischen Abbau seiner revolutionären und «erneuernden» Ambitionen trugen politische, ideologische und persönliche Schranken bei. Die enge Beziehung zur Macht wirkte sich tödlich auf Mussolinis Persönlichkeit aus. Er wurde zum Gefangenen seiner eigenen Verwaltungsmechanismen und von Automatismen zermalmt, die außerhalb seiner eigenen Determination standen. Sein rasches Eingehen auf die grotesken und gar nicht originellen Kunstgriffe des Regimes nahmen ihm die instinktive Lebhaftigkeit, die während seiner langen politischen Militanz doch typisch für ihn gewesen war. Persönliche Züge kamen nur auf weniger wichtigen Gebieten wie bei der «alltäglichen Taktik» und im faschistischen «Stil» zum Vorschein. Die ungewöhnliche Sorgfalt, die er allen kleinen Angelegenheiten, wie den lokalen Reibereien und Provinzrivalitäten, widmete, unterstrich sein Bedürfnis nach Selbstbestätigung, das auf diesen Sektoren volle Befriedigung fand. Er rühmte sich dieser Aktivität auch öffentlich, so beispielsweise bei der alle fünf Jahre stattfindenden Versammlung des Regimes: . . . *die Gesetzgebungstätigkeit, das Einführen, Kontrollieren und Schaffen neuer Institutionen war nur ein Teil meiner Mühewaltung. Es gibt noch einen anderen, weit weniger bekannten Teil . . . Ich habe über 60000 Audienzen gewährt, mich für 1887112*

Typischer Gesichtsausdruck des Duce

Akten von Staatsbürgern interessiert, die direkt an mein eigenes Sekretariat geleitet wurden.[97] Er versuchte, eine humane Dimension zurückzugewinnen, von der er übrigens selbst zugab, sie verloren zu haben. Das kam in einer «mechanischen» Umschreibung der gleichen Rede zum Ausdruck: *. . . um diese Anstrengungen durchzustehen, habe ich meinen Motor eingeregelt und mein tägliches Arbeitspensum rationalisiert, habe ich jeden Zeitverlust und jede Energieverschwendung auf ein Minimum reduziert . . . die gewöhnliche Arbeit muß sich mit fast mechanischer Automatik abspielen.*[98] Auch Mussolinis Bild wurde entpersönlicht, Symbol einer Macht, die nur teilweise seine eigene war. Die ewige Starrheit des Blicks, die wie eine Zwangsvorstellung von allen Wänden und Zeitungen des Landes ausging, war der Ausdruck einer grotesken Einbalsamierung seiner Gestalt als «Staatsroboter». Auch seine ständigen Selbstdarstellungen – als Flieger, Drescher, Kondottiere, Literat, Philosoph, Sports-

*Mussolini als Pilot
(offizielles Foto, das –
wie die folgenden –
von einem eigens
hierfür geschaffenen
Büro beim
Ministerium für
Volkskultur
hergestellt wurde)*

*Mussolini
bei der Arbeit*

Beim Korndreschen

mann usw. – blieben sich immer gleich. Unberührt von jeglicher Selbst-
ironisierung akzeptierte er, daß man ihn mit einem scheußlichen Hut, der
seinen Kopf plattdrückte, und in der unförmigen Kluft eines Grubenar-
beiters oder mit nacktem Oberkörper beim Dreschen in den pontinischen
Sümpfen fotografierte, als bloßes rituelles Werkzeug und Schauspiel für
die Irrationalität der Menge.

Anfangs schien er sich dieser Gefahren bewußt zu sein: *... ich habe
nicht die Absicht, frühzeitig im astralen Raum von unzugänglichen Mythen
placiert zu werden, denen häufig konventionell oder zerstreut, wenn nicht
gar verlogen oder aus feigem Herzen geweihräuchert wird.*[99] Aber sein
Mangel an revolutionärer Spannung, seine kulturelle Armut und der
kleinbürgerliche Egoismus lieferten ihn unweigerlich einem «Personen-
kult» aus, dessen Erbärmlichkeit durch die repressiven und polizeilichen
Elemente des Regimes, das er verkörperte, unterstrichen wurde. *... Vor
vier Jahren sagte ich euch: genest von mir! Das war unmöglich, denn
offenbar braucht jede große Bewegung einen Repräsentanten, der alle
Leidenschaft der Bewegung selbst erleidet und ihre ganze Flamme trägt*[100],
rief er 1925 dem Kongreß in Rom zu.

72

Von den beiden Wortbestandteilen des Binoms «Mussolini/Faschismus» bevorzugte er ohne Zweifel den ersteren. Für ihn war die Bewegung ein nebensächliches Werkzeug, das nur der Verewigung seines Mythos zu dienen bestimmt war. Häufig wiederholte er, daß der Faschismus «dauern» müsse und stellte sogar gewagte Prognosen darüber auf: ... *Als ich auf der Piazza Belgioioso sagte, das faschistische Regime habe 60 Jahre vor sich, waren wir in den ersten Zeiten. Heute sage ich euch in aller Gewissensruhe, das 20. Jahrhundert wird das Jahrhundert des Faschismus sein.*[101] Aber diese «Dauer» bezog sich nur auf ihn selbst. Niemals stellte er sich die Frage einer Nachfolge, sondern sabotierte von vornherein alle «inner-

Beim Skilaufen

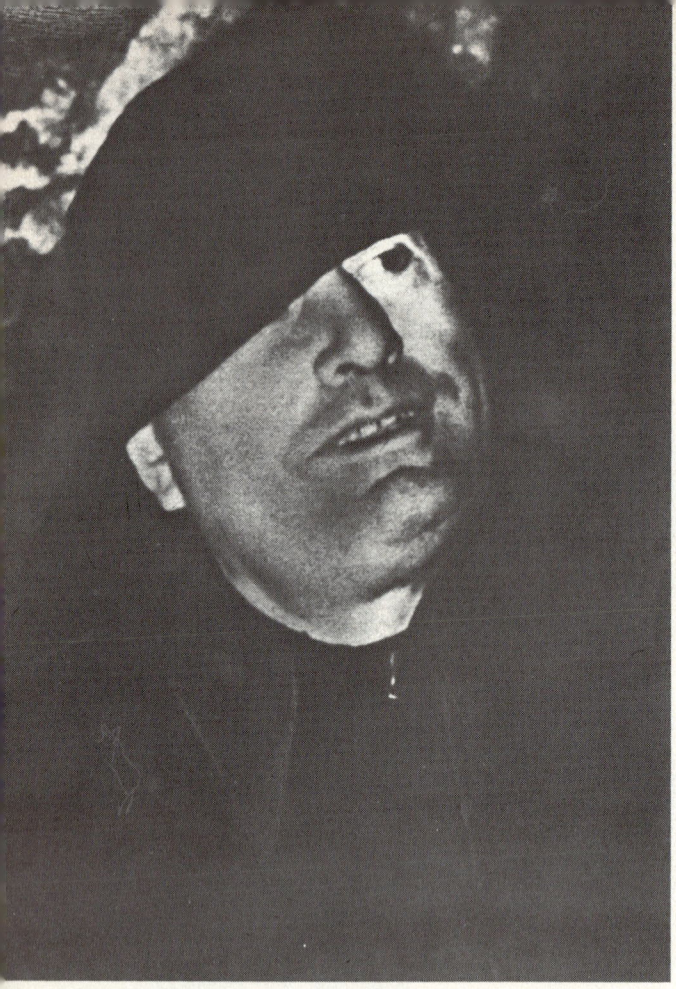

Im Bergwerk

faschistischen» Alternativen, als empfände er sein Regime als Frucht nicht wiederholbarer Umstände und träfe im Unbewußten die Entscheidung zugunsten der Monarchie, die sich dann auch am 25. Juli als einzige Garantin der Kontinuität erweisen sollte. *. . . Ich muß die Aufgabe auf mich nehmen, die italienische Nation noch 10–15 Jahre zu regieren. Das ist notwendig. Mein Nachfolger ist noch nicht geboren*[102], sagte er in der Rede zum Himmelfahrtstag. Dieser Nachfolger konnte auch gar nicht geboren werden. «In der Tat, Herr Präsident, was ist denn der Staat

74

Mussolini in Admiralsuniform
bei der Einweihung von Tiber-Dammarbeiten
(aus «L'Illustrazione Italiana» vom 18. April 1940)

heute? Das Vertrauen in Mussolini», schrieb Farinacci am 22. Januar 1933 alarmiert an ihn. «Beim Staat, der den Menschen Kraft verleiht, sind wir noch nicht angekommen. Es ist der Mann, der dem Staat Stärke gibt. Was wird sein, wenn wir diesen Mann nicht mehr haben?»[103] Die individualistische Interpretation seiner Rolle zwang Mussolini zu einer ständigen qualitativen Schwächung der faschistischen Führungsgruppe, die fortschreitend um ihre besten Funktionäre gebracht wurde. Sie waren alle der möglichen Konkurrenz verdächtig. So verschwanden bei der «Wach-

Steinfigur des Duce im Adua-Kessel
(aus «L'Illustrazione Italiana» vom 26. Februar 1936)

ablösung» von 1932 Italo Balbo und Dino Grandi, wie zuvor Farinacci verschwunden war und wie später Alfredo Rocco verschwinden sollte, der Mussolini doch als Urheber der faschistischen Gesetzgebung («Leggi fascistissime») unschätzbare Dienste geleistet hatte. Ihrer Elimination entsprach auch nicht etwa eine intensivere Heranbildung faschistischer Funktionäre. Typisch waren Mussolinis persönliche Interventionen bei Konflikten zwischen den einzelnen Parteigrößen. Das waren überhaupt die einzigen Formen eines überlebenden politischen Kampfes, der so allerdings zur internen Fehde degradiert wurde. Stets endete es damit, daß Mussolini die Niederlage des einen der beiden Rivalen dekretierte. Zuvor aber wartete er ab, bis beide ihren polemischen Wortschatz erschöpft hatten und alle dialektische Lebendigkeit verpufft war. Auf diese Weise sanktionierten seine Entscheidungen vollendete Tatsachen, denen das Frohlocken des «Überlebenden» auf dem Fuß folgte, der allerdings kaum jemals genügend Zeit hatte, um seinen Augenblickserfolg zu festigen. Bei dem Zwist zwischen Parteisekretär Farinacci und Innenminister Luigi Federzoni – Ende der zwanziger Jahre – ging es um die Rolle von Partei und Staat im Kampf gegen die oppositionellen Strömungen; den «Sieg» trug in diesem Fall natürlich der Innenminister davon. Aber nur wenige Monate, nachdem Farinacci das Parteisekretariat der PNF verlassen hatte, wurde auch Federzoni gezwungen, sein Amt abzugeben. Und

Parteiabzeichen der PNF

noch ein Beispiel: 1927/28 endete ein Zusammenstoß zwischen den Generalen Badoglio und Cavallero über militärpolitische Probleme zunächst mit der Niederlage Badoglios, dem nur das unwichtigere Amt des Generalstabschefs blieb. Aber im November 1928 wurde auch der mit einem Grafentitel abgefundene Cavallero gezwungen, sein Amt als Unterstaatssekretär im Kriegsministerium aufzugeben. Mussolini sah diese Streitigkeiten gar nicht ungern; sie dienten zwar nicht gerade der Arbeitseffizienz des Oberkommandos, untermauerten aber die «Notwendigkeit» seiner Rolle als unparteiischer Schiedsrichter und hoben sein Prestige. Er war stolz auf die brüske Art, in der er diese kleinen Machtrangeleien beendete: *... das sind Entscheidungen, die ich allein treffe und die gerechterweise niemand vorher ahnen kann; nicht einmal die unmittelbar Interessierten, die angenehm überrascht sein können, auch wenn sie ihren Posten verlassen.*[104] Gleichzeitig betonte er aber auch seine Geschicklichkeit als Vermittler und die schmerzlose Art, mit der er die Risse kittete.

Vielleicht lag gerade hier das auffälligste Handikap für Mussolinis frustrierten Revolutionärsehrgeiz: er ließ dem Widerspruch keinen Raum und entfaltete nicht jene dialektische Lebendigkeit, die den Weg der großen Revolutionäre kennzeichnet. Er war ein aufmerksamer Bewahrer und vorsichtiger Verwalter der eroberten Macht. Aber im Gegensatz zu den wahren revolutionären Anführern hegte er eine tiefe Abneigung gegen Politik und ideologische Auseinandersetzungen. Neben seinem Individualismus war dies der Hauptgrund für jene Entpolitisierung gigan-

BATTERE

GLAUBEN,
GEHORCHEN,
KÄMPFEN

tischen Ausmaßes, die für das faschistische Regime so bezeichnend war. Er selbst hatte die Degradierung der Partei zum Hilfswerkzeug des Regimes gewünscht: ... *mehr als um Ausübung von Autorität handelt es sich hier um ein Apostelamt,* sagte er in einer «Würdigung» der faschistischen Partei, so wie sein getreuer Augusto Turati sie aufgezogen hatte, und erinnerte bei dieser Gelegenheit, daß es *die Partei mit der Masse ihrer Mitglieder* sei, *die der Staatsautorität ihren freiwilligen Konsensus und einen unermeßlichen Glaubensbeitrag gibt* [105]. Turati, Giuriati und Starace, all die verschiedenen Parteisekretäre, die der Partei während der zwanzig Jahre vorstanden, waren recht unbedeutende, servile und zu allem bereite Charaktere. Mussolini versäumte keine Gelegenheit, die gefügige Ergebenheit seiner subalternen Trabanten hervorzuheben: ... *jeden Morgen kommt der Kamerad Turati zu mir, um Befehle entgegenzunehmen.* Wahrscheinlich machte ihm erst die Leichtigkeit, mit der die faschistische Organisation durch den monarchischen Staatsstreich beiseite gefegt wurde, die Hinfälligkeit seiner Entscheidungsprinzipien klar.

Noch verhängnisvoller wurde ihm aber auf die Dauer seine Absage an die Politik. «Am 7. Juli 1929 notierte Ugo Ojetti in sein Notizbuch: ‹Balbo rühmt sich, nicht mehr über Politik zu sprechen: Politik interessiert mich nicht mehr. Sollen sie doch machen, was sie wollen. Ich kümmere mich um die Luftfahrt.› – Es war die Gemütsverfassung müder Desillusioniertheit, die sich immer mehr zwischen Parteibonzen und einfachen Mitgliedern ausbreitete. Die Ausschaltung von Politik als Möglichkeit freier Diskussion mußte es unweigerlich auch der herrschenden Klasse mitsamt ihres Machtmonopols unmöglich machen, eine wirkliche Politik zu betreiben.»[106] Das Archiv des persönlichen Mussolini-Sekretariats ist heute ein imposantes historisches Zeugnis für diese Art von politischem Kampf: Intrigen und Erpressungen als Methode, die Salons und Vorzimmer der Minister als Ambiente, persönliche Verleumdung und falsche Gerüchte als Ziel. Mussolini bediente sich dieser Mißstände und gab ihnen sogar noch künstlich Nahrung, um die Unantastbarkeit seiner persönlichen Stellung aufrechtzuerhalten. Das mußte auch so sein bei einer politischen «Linie», der ein fruchtbares Verhältnis zu den Bewegungen der Massen fehlte.

Die Motivationen seiner «Massen»-Politik waren in der Tat ganz offenbar funktionsgerechter Natur. Sie wurde mit Hilfe eines eindrucksvollen Propagandaapparats lanciert, vor allem während der Jahre der Wirtschaftskrise von 1929/30, und sollte den Konsensus des Volkes zurückbringen, der durch die harten wirtschaftlichen Opfer der arbeitenden Bevölkerung lädiert war: ... *Glücklicherweise ist das italienische Volk*

Massenversammlung auf der Piazza Venezia in Rom

«Das Ziel Mussolinis ist das Ziel des Augustus».
Der Mythos vom Römertum
(aus dem Band «MVSN XVII annale»)

noch nicht gewohnt, mehrmals am Tag zu essen, und da es einen bescheidenen Lebensstandard hat, spürt es die Entbehrungen und Leiden weniger. Nur die höheren Klassen sind entsetzlich egoistisch und wenn sie statt drei nur zwei Automobile haben, schreien sie, die Welt bricht zusammen[107], behauptete er am 18. Dezember 1930. Das war um die Zeit, als seine Appelle sich häuften, die Partei von den Trümmern *des sogenannten liberalen und freiberuflichen Bürgertums* zu säubern. . . . *Kamerad Giuriati, Ihr habt die Aufgabe, sie auszuheben! Das ist Ballast, der unseren Marsch beschwert.*[108] Gleichzeitig kam es zu immer häufigeren «ozeanischen Massenversammlungen» und Kundgebungen auf menschenstarrenden Plätzen. Aber es handelte sich hier um Momente einer Anreizung «von außen», die künstliche Spannung schufen, ohne eine authentische kollektive Beteiligung zu erzeugen. Die Massen waren als passives Objekt in das Regime einbezogen; einige soziale Schichten, vor allem die Arbeiterklasse, blieben im wesentlichen Außenstehende. ... *Man darf sich hinsichtlich des sogenannten Stadtproletariats keinen übertriebenen Illusionen hingeben*, hatte er in seiner Himmelfahrts-Rede zugegeben, *es bleibt zu einem großen Teil fern, und wenn es nicht mehr wie früher dagegen ist, beteiligt es sich doch nicht. Es ist klar, daß wir uns von den Schicksalsgesetzen des Lebens helfen lassen müssen. Die Generation der Unbeugsamen, derer, die den Krieg nicht begriffen haben, die den Faschismus nicht begriffen haben, beseitigt man schließlich einmal durch Naturgesetz.*[109] Wenn er, um die Zustimmung der Arbeiterschaft zu erhalten, gezwungen war, seine Hoffnungen auf die «Natur» zu setzen, war er doch bereit, für die öffentliche Meinung im allgemeinen den ganzen Apparat des Regimes zu mobilisieren, um den erforderlichen Anklang zu finden. Er erzielte allerdings auch hier nur die gleichen prekären und künstlichen Ergebnisse. «Nicht bloß das Zeugnis derer, die jene Jahre miterlebt haben, stellt das Vorhandensein eines echten Widerhalls der Mehrheit in Abrede, wobei ich gar nicht einmal von einem enthusiastischen, aber doch immerhin von aktivem Widerhall rede», sagt heute der Historiker Guido Quazza. «Es ist vielmehr die Art und Weise, wie man die Werkzeuge programmierte, mit denen der Widerhall erzeugt werden sollte, und der tägliche Einsatz dieser Werkzeuge, die – wie man es auch dreht und wendet – den hohen Grad an Nötigung zum Ausdruck bringen, der zwar keinen breiten Widerstand auslöste, wohl aber passive und oftmals resignierte Hinnahme.»[110] Es gab viele solcher Werkzeuge, und sie wurden verschwenderisch eingesetzt: die Geheimpolizei O. V. R. A., das Ministerium für Volkskultur (Ministero della Cultura Popolare), die Miliz, die Universitätsprofessoren, die Partei und die Journalisten. ... *Was schädlich ist, das vermeidet man, und was dem System dient, das tut man*, hatte Mussolini den Herausgebern der italienischen Tageszeitungen klargemacht. *Die Presse dient dem System, wenn sie sein tägliches Werk darstellt und um dieses Werk eine Atmosphäre der Zustimmung schafft und aufrechterhält.* Die Rede endete mit der dreisten Schlußfolgerung: ... *Der italienische Journalismus ist frei, weil er nur einer Sache und nur einem Regime dient.*[111] Was die Schulen betraf, so sollten sie den *Gegensatz von all dem darstellen, was die italienischen Charakterfehler sind: Oberflächlichkeit, Leichtfertigkeit, der Glaube, daß alles gut ausgeht.* Zu den Studienräten sagte er: ... *ihr brecht nicht nur das Brot der kleinen und der großen Wissenschaften, sondern ihr seid auch Apostel, seid auch Priester, seid Männer mit einer furchtbaren, unsagbaren Verantwortung: der Arbeit am Gehirn, am Gewissen, am Gemüt.*[112] Aber all diese Werkzeuge wurden gesondert eingesetzt, während das Regime mit seiner zentralisierten und personalistischen politischen Führung scharfe Wendungen vollzog, kurzlebige politische «Kampagnen» führte, und eine nicht kontinuierliche Politik verfolgte, als deren Beispiele die «Getreideschlacht», die «totale Urbarmachung», die «öffentlichen Arbeiten zur Sanierung Roms» und die «bevölkerungspolitische Schlacht» dienen können.

Mussolinis politischer Horizont wurde durch seine spärliche ideologische Autonomie und durch seine Neigung zum Eklektizismus eingeengt:

Die italienische Frau mit all ihren Verzichten und Opfern marschiert gemeinsam mit den Kämpfenden (Plakat des Regimes)

LA DONNA ITALIANA, COLLE SUE RINUNCE E COI SUOI SACRIFICI, MARCIA INSIEME AI COMBATTENTI.

Die kleinen Kinder Italiens sind alle Faschisten ... (Eine vom Regime verbreitete Postkarte)

I bimbi d'Italia son tutti Fascisti ...

. . . die Stärke des Faschismus liegt darin, daß er sich aus allen Program-
men den vitalen Teil holt und die Kraft zu ihrer Durchführung besitzt. Auf
diese Weise plünderte er die einzelnen Schichten der italienischen Gesellschaft und holte sich programmatische und ideologische Elemente von
ihnen und den politischen Kräften, die vor dem Faschismus ihre Repräsentanten gewesen waren. Das war nicht besonders originell und sollte
wohl auf politischem Gebiet dasjenige vereinigen, was auf sozialem Gebiet getrennt bleiben sollte. «Jeder auf seinem Platz» hieß das Prinzip,
dem man huldigte, um einen allgemeinen Immobilismus zu garantieren
und dem Großbürgertum die Weiterführung seiner Vormachtstellung in
einem System zu erlauben, das politisch geschlossen, «konsolidiert» und
hierarchisch streng gegliedert war. «Hierarchie» war ein häufig wieder-
kehrendes Element im ideologisch-faschistischen Weltbild, vor allem in
Antithese zum kommunistischen Egalitätsprinzip: das kommunistische
Experiment *ist vollen Umfangs gescheitert, denn der seinem Wesen nach
gleichmachende Kommunismus ist gegen das Leben und gegen die Geschichte und außerdem gegen die Natur, die zutiefst ungleich ist*[113], sagte
Mussolini am 20. Mai 1925. Dieser grundsätzlichen Verneinung eines
«Wertes» der Arbeiterklasse folgten die Absagen an Kultur und Fort-
schritt, also an Werte, die an ihrer bürgerlich sozialen Wurzel als mögliche
Elemente demokratischer Zersetzung bekämpft werden mußten, da sie
den Bedürfnissen des Bürgertums nach Klassen-Wiedervereinigung, für
die auch der Faschismus war, strategisch entgegenstanden. Die Kultur
lehnte Mussolini überhaupt ab: . . . *wenn Intellektuelle das Verschlingen
ihrer Universitätskultur – ich würde ihnen übrigens raten, selbige schnell zu
rezepieren und nicht weniger schnell wiederabzustoßen – dazu verwenden
müssen und wenn sie nichts anderes tun, als zu schikanieren und mit Kritik
zuzudecken, was an einer so komplexen Bewegung wie der faschistischen
kritisierbar ist, dann sage ich ganz offen, daß ich einen handelnden Squadristen einem ohnmächtigen Universitätsmann vorziehe.*[114] Einer solchen
Einstellung entsprach selbstverständlich eine funktionsbezogene Sicht
der Rolle des Intellektuellen: . . . *Es ist Sache der Schriftsteller, das, was
man geistigen Imperialismus nennen kann, in Theatern, Büchern, Abhand-
lungen, Vorträgen zu erörtern und Italien so bekanntzumachen . . . wie der
Krieg es gemacht hat und wie es jetzt die faschistische Revolution macht.*[115]
Das unschöne Schauspiel, das die Universitätsprofessoren boten, als sie
geschlossen – mit nur zwölf Ausnahmen – dem Faschismus den Treueid
leisteten, die eintönig graue Routine-Unterwürfigkeit und Lobhudelei,
mit der sich die Mehrzahl der italienischen Intellektuellen anpaßte, die
qualvolle Allgegenwart der Zensur, die steife Disziplin der Kultur-Orga-
nisation des Regimes waren einige bezeichnende Momente für den allgemeinen Verfall des faschistischen Italien. Mussolini schien diesen Involu-
tionsprozeß zu bemerken, aber seine Exkulpierung hörte sich forciert und
«metaphysisch» an: . . . *wir sind in einer Periode des Übergangs, einer
Periode, in der wir aus einer augenblicksbedingten Notwendigkeit von
Problemen empirisch-materieller Art beansprucht sind. Der Kampf um das
Leben ist so beschaffen, . . . daß man in gewissem Sinn den Pessimismus*

derjenigen verstehen kann, die den Untergang des menschlichen Geistes ankündigen.[116]

Es gab überhaupt nur wenige Werte, die Mussolini positiv anerkannte. Bei diesen handelte es sich um ideologische Elemente aus den reaktionärsten Schichten der italienischen Gesellschaft: Moralismus (*. . . 187 000 Schenken in Italien! Wir haben 25 000 zugemacht . . . wir können uns den Luxus erlauben, diese Ausschankstätten billiger und verderblicher Glückseligkeit zu schließen*[117]), Bauerntümlichkeit (*. . . der industrielle Urbanismus führt zur Sterilität der Bevölkerung*[118]), Virilität (auch als Postulat seines Regierungsstils: *. . . mancher wundert sich über meinen Stil. Tatsächlich gibt es auch in Italien so armselige Leute, denen schon bei der harmlosesten Brise die Attribute der Virilität abhanden kommen, die sie dann unter den Schuhsohlen anderer zertreten wiederfinden*[119]). Auch die Wiederaufpolierung des «Römertums» bezog sich auf ein archaisches, oberflächliches Kultursubstrat und diente hauptsächlich Propagandazwecken. «Römisch» war der Regierungsstil, «römisch» einige geradezu groteske urbanistische Improvisationen des Duce: *. . . meine Ideen sind klar, meine Befehle präzise, und ich bin sicher, sie werden konkrete Wirklichkeit. In fünf Jahren muß Rom den Gästen aus aller Welt wunderbar erscheinen; weitläufig, geordnet, mächtig, wie zur Zeit des ersten Römischen Kaiserreichs des Augustus. Ihr werdet daran weiterarbeiten, den Stamm der großen Eiche von allem zu befreien, was ihn behindert. Ihr werdet um das Marcellus-Theater, das Kapitol, das Pantheon Raum bahnen; alles, was sich dort in den Jahrhunderten der Dekadenz angesammelt hat, muß verschwinden.*[120] Aber das «Römertum» blieb ein Wert, der bei den Massen keinen großen Anklang hatte. Selbst der Nationalismus fand nie weite Verbreitung, vor allem nicht in der von Mussolini angestrebten fremdenfeindlichen Lesart: *. . . gastfreundlich sind wir, und gastfreundlich wollen wir bleiben, auch wenn man diese Gastfreundschaft mißbraucht,* hatte er 1925 wieder einmal gegen Deutschland polemisiert. *Auch wenn man durch unsere anbetungswürdigen Städte ein primitives Folklore führt, das bisweilen würdelos wirkt, wenn man Männer und Frauen, primitiv und wie Dienstmägde bekleidet, über die Marmorböden unserer wunderbaren Paläste marschieren und spazieren sieht.*[121]

Da Mussolinis Ideologie keine originellen und dynamischen Anregungen hatte, mußte sie sich einzig auf Pragmatismus stützen (*Doktrin muß also keine sprachliche Übung sein, sondern ein Akt des Lebens*[122]), der den politischen Projekten des Regimes funktionsgerecht diente, seiner Diktatur aber keinen revolutionären Charakter geben konnte. Auch die besonders typischen «neuen» Elemente – Korporativismus, Etatismus – standen de facto in einem Unterordnungsverhältnis zu strategischen Entscheidungen, die außerhalb des Faschismus gefällt wurden.

Vor allem der Korporativismus unterlag ständig schwankenden Interpretationen von «rechts» (Klassenkollaboration) und «links» (Überwindung der traditionellen Antithese von Kapitalismus und Sozialismus). Die «rechte» Interpretation kam eindeutig aus der sozialen Ideologie

*Die Zeitungen unterstützen Mussolini mit Enthusiasmus:
die Turiner «La Stampa» vom 24. Oktober 1932*

katholischer Kreise und aus einigen Strömungen der II. Internationale. Mussolini zapfte in seinen Reden beide Quellen an. Es war schon vom Strafcharakter einiger Maßnahmen die Rede, die sich zur Zeit des ersten Kollaborationismus gegen die Autonomie der faschistischen Gewerkschaften richteten. Nachdem diese durch den «Pakt des Palazzo Vidoni» aus den Fabriken vertrieben worden waren, mußten sie eine weitere Schwächung hinnehmen, als der «Nationale Verband der faschistischen Gewerkschaften» (Confederazione nazionale dei sindacati fascisti) im November 1928 in sechs verschiedene Organisationen aufgesplittert wurde, die auch die restlichen Vorteile einheitlicher, zentralisierter Leitung einbüßten. Die scheinbare Widersprüchlichkeit zu den folgenden «linken» Interpretationen von 1932/33 unterstrich in Wirklichkeit die kohärente Linie einer fortwährenden Unterwerfung unter die Projekte des Großkapitals.

Die gewerkschaftsfeindliche Logik der wirtschaftspolitischen Entscheidungen im Zeitraum 1927/28 stand im Dienst einer Politik, welche die allgemeine konservative Stabilisierung auf nationaler Ebene zum

Gegenstand hatte. Dazu gehörte das Projekt einer wirtschaftlichen Stagnation ebenso wie ein nationales Wirtschaftsmodell, das virtuell auf seine inneren Ressourcen beschränkt blieb. Dies war das Echo der italienischen Krise von 1926/27. In diesen Rahmen einer «regressiven» Wirtschaftspolitik gehören die «Verteidigung der Lira» (Ende 1926 konnte sie bei einem Stand von 90 gegenüber dem englischen Pfund verankert werden, während sie zuvor auf 153 gekommen war), die «Getreideschlacht», das Projekt der «totalen Urbarmachung» (das die protektionistischen Forderungen der Bodenspekulanten und Großgrundbesitzer begünstigte) und die weitgehend «agrarischen» Tendenzen des Regimes (seine «Ruralität»; die Bremsmaßnahmen gegen eine allzu heftige Ausdehnung des Stadtproletariats). Durch diese Maßnahmen kamen einige der rückständigsten Schichten des italienischen Unternehmertums nach oben. Aber auch hier handelte es sich nicht um endgültige strategische Projekte; eher um eine «Phasen-Taktik». Der Faschismus war kein Regime, das die industrielle Entwicklung lähmte, vielmehr hatten schon die genannten Entscheidungen durchaus ambivalente Elemente enthalten. Die «Getreideschlacht» und die «totale Urbarmachung» gestatteten beispielsweise die Ausweitung des Finanzkapitals «aufs Land»; und sie begünstigten die Absorption der Bodenrenten in den Akkumulationsprozeß. Jedenfalls konnte sich der italienische Kapitalismus ab 1924 ohne allzu große Risiken an den allgemeinen Finanzbewegungen und am internationalen Markt beteiligen.[123]

Faschismus und Industrie: Die tägliche Spazierfahrt Seiner Exzellenz Mussolini (eine 1924 von Pirelli veröffentlichte Postkarte)

Die «linke» dirigistische Interpretation begann in Mussolinis Formulierungen durchzuschimmern, als die schweren Folgen der Wirtschaftskrise von 1929 auch in Italien spürbar wurden. «... Es sind die Jahre der großen amerikanischen Krise, die die ganze kapitalistische Welt überschwemmte», schreibt heute der politische Schriftsteller Vittorio Foa. «... das moralische Vertrauen in das kapitalistische System ist schwer erschüttert. Es sind die Jahre des ersten russischen Fünfjahresplans, der Hoffnungen und Erwartungen in allen Teilen der Welt erweckt. In Italien äußert sich der Druck der Arbeitslosigkeit, das Drängen nach Wechsel auch im Innern der faschistischen Partei, die an der Macht ist.»[124] Der Philosoph Ugo Spirito theoretisierte damals die «Eigentümer-Korporationen» und forderte «Eigentum und Leitung des gesamten Produktionsapparats» für die korporativen Organisationen. Es waren die typischen, vermessenen Hypothesen des linken Lagers, die schon Ende 1933, mit der Entfernung von Giuseppe Bottai aus dem Korporationen-Ministerium, als völlig abgetan gelten konnten. Man bevorzugte traditionellere Organisationslösungen. Es wurden jetzt entsprechend den «großen produktiven Zyklen» – Landwirtschaft, Industrie, Dienstleistungssektor – drei Korporationen geschaffen, und zwar nach dem Modell eines «bürokratischen und im wesentlichen repressiven Aufbaus, der sich am Prinzip eines hierarchischen, autoritären Zentralismus orientierte»[125]. Auch ihre Funktionen wurden drastisch beschnitten: sie waren Repräsentationsorgane mit normativen Aufgaben (aber nur für die Arbeitsbedingungen und für die wirtschaftlichen Beziehungen zwischen den Kategorien), Schlichtungsorgane (in arbeitsrechtlichen Angelegenheiten), konsultative Organe (gegenüber der öffentlichen Verwaltung). Selbstverständlich spielte Mussolini eine entscheidende Rolle bei der Liquidierung der dirigistischen Ansprüche des linken Korporativismus. Dabei hatte er wichtige Verbalkonzessionen gemacht, insbesondere der Krise wegen, die er als «Systemkrise» bezeichnete: ... *Die Krise ist so tief in das System eingedrungen, daß sie zu einer Krise des Systems wurde*, behauptete er vor der Generalversammlung des «Nationalkonzils der Korporationen» am 14. November 1933. *Das ist schon kein Trauma mehr, das ist eine konstitutionelle Krankheit. Wir können heute versichern, daß die kapitalistische Produktionsweise überholt ist und mit ihr die Theorie des Wirtschaftsliberalismus, die sie illustrierte und verherrlichte.* Seine Reflexionen mündeten in die Schlußfolgerungen: ... *der Korporativismus ist die disziplinierte und also auch kontrollierte Wirtschaft, weil man nicht an eine Disziplin ohne Kontrolle denken kann. Der Korporativismus überholt den Sozialismus und überholt den Liberalismus, er schafft eine neue Synthese. Eine Tatsache ist symptomatisch: eine Tatsache, über die vielleicht noch nicht genügend nachgedacht worden ist, daß nämlich der Verfall des Kapitalismus mit dem Verfall des Sozialismus zusammentrifft.*[126]

Die reale Grundlage für seine Behauptungen lag allerdings in der Notwendigkeit, ein Krisenprogramm als «faschistisch» hinzustellen, das allen entwickelteren Ländern der kapitalistischen Welt des Westens weitgehend gemeinsam war. Der autoritäre Staatseingriff in die Wirtschaft war nämlich durchaus üblich, um die Zykluswirkungen zu korrigieren und auszugleichen und die Katastrophentheorie der Wirtschaftskrise durch alle möglichen institutionellen Instrumente abzuschwächen. Auch das italienische Finanzkapital nahm die Krise als Gelegenheit, mit Hilfe des Staatsapparats seine eigenen Entscheidungen in der nationalen Wirtschaft durchzusetzen.

Solche Motive waren auch für das andere «neue» Element der faschistischen Ideologie, den Etatismus, ausschlaggebend. In seinem Essay über die Doktrin des Faschismus (*Dottrina del Fascismo*) für die «Enzyklopedie Treccani» schrieb Mussolini: ... *von 1929 bis heute hat die weltpolitische Entwicklung diese doktrinären Standpunkte noch verstärkt. Wer allüberragend erscheint, ist der Staat. Wer die dramatischen Gegensätze des Kapitalismus lösen kann, ist der Staat. Das, was Krise genannt wird, kann nur vom Staat und nur im Innern des Staates gelöst werden.*[127] Auch hier war das Widersprüchliche in seinen doktrinären Einstellungen nur scheinbar: der anfängliche Wirtschaftsliberalismus entsprach den Interessen des Großkapitals, von dem System wirtschaftlicher Fesseln der «Kriegsökonomie» loszukommen. Der Staatsinterventionismus der dreißiger Jahre griff die Anregungen des «fortschrittlichen» Kapitalismus zu der Frage auf, welche Instrumente man zur Herbeiführung einer Tendenzwende anzuwenden habe, um den sinkenden Gewinnraten wirksam zu begegnen. Der faschistische Staat wurde um neue institutionelle Gliederungen bereichert: 1931 wurde «IMI» (Istituto Mobiliare Italiano) geschaffen, eine Einrichtung, die den Banken und Industriebetrieben aus ihren Schwierigkeiten heraushelfen sollte. Am 23. Januar 1933 entstand «IRI» (Istituto per la ricostruzione industriale), eine Einrichtung zur Industriefinanzierung und zur Abwicklung der Industrieverbindlichkeiten. So wurde ein staatskapitalistisches Modell – mit Stützungsfunktionen für die Privatinitiative – geschaffen, und die Gemeinschaft hatte dabei die Ausgaben dieses Rettungsmanövers und den Löwenanteil der Neuinvestierungskosten zu tragen. In unverkennbarer Analogie zu den Lösungsversuchen, die auch nichtfaschistische Länder einführten, wurde eine Teilrationalisierung des Systems eingeführt, deren Eigenart in einem beschleunigten Kapitalkonzentrationsprozeß bestand. Mussolini sprach von *natürlicher Selektion*: ... *nicht alle können gerettet werden. Einige verdienen sogar, auf Grund zu laufen. Die meisten davon gehören zur Kategorie der geschäftlichen Kurpfuscher, die während des Kriegs und danach riesengroß geworden ist, Männer, die eher tollkühn sind als Unternehmernaturen, Industrie- und Finanzakrobaten, die bei ihren Vorhaben aufs Äußerste gehen und keinerlei Hemmungen besitzen. Ihre Palette reicht vom Zement bis zur Schokolade, vom Schwersten wie Blei bis zum Leichtesten wie Kunstseide.*[128] Eine weitere Maßnahme zur Rationalisierung lag in der Verteilung der Hilfsquellen zugunsten der großen Betriebskomplexe. Wichtige qualitative Änderungen vollzogen sich im Innern der Produktionsstrukturen, wobei das Gewicht hauptsächlich auf die Metallindustrie, den Maschinenbau und die Chemiewerke verlagert wurde. Außerdem erfolgte eine allgemeine Verschiebung der Gewichte von den Konsumgütern zu Sachwerten. Die Banksanierung des Jahres 1936 schaffte das alte System der «Banca Mista» ab und führte eine ständige Kreditorganisation ein, die durch die Rolle des Staates als Industriellen und Bankier garantiert wurde.

Die Diskussionen der Historiker über die Perspektiven der faschistischen Wirtschaftspolitik auf längere Sicht sind noch heute lebhaft. Den Meinungen, die den Faschismus einer wirtschaftlichen Stagnation gleichsetzen oder ihn als Instrument einer «Agrartransformation» der italienischen Bevölkerung sehen bzw. ihn als Träger des klassischen Liberalismus betrachten, also die archaischen und irrationellen Aspekte der faschistischen Geschäftsführung hervorheben, treten seit einiger Zeit stichhaltigere Analysen entgegen. So wird dem Faschismus eine «partielle, aber dynamische Rationalisierung des italienischen Kapitalismus während des Engpasses einer schwierigen internationalen Krise»[129] zugestanden und dabei unter anderem eine zunehmende Investierung bei den Basisindustrien als Prämisse für das Wirtschaftswunder der Zeit nach dem Zweiten Weltkrieg betont. Einigkeit besteht in der Beurteilung der Fähigkeit des Faschismus, jedenfalls die Krisenfolgen für die italienischen Monopole abgeschwächt zu haben, wobei die Kosten allerdings in vollem Umfang den Arbeitern aufgelastet wurden. Das hatte schon Mussolini selbst in bezug auf den Lohnengpaß im Zusammenhang mit der Stabilisierungspolitik von 1927/28 zugegeben: *... die italienischen Arbeiter und Bauern haben eine Kürzung ihrer Löhne akzeptiert, die man rühmlich mit einigen Milliarden beziffern darf; sie haben also für ihr Teil aufs beste zu den Notwendigkeiten der Schlacht um die Lira beigetragen.*[130] Noch 1930 war er bereit, das einzugestehen: *... um damals die Kosten zu senken, habe ich andere Kategorien ins Feuer geschickt: die Industriearbeiter, die Transportarbeiter auf dem Lande, zu Wasser und in der Luft, die Bankangestellten. Und alle sind mitmarschiert!*[131]

Das letzte, unüberwindliche Hindernis für eine revolutionäre Dimension der Figur Mussolinis lag in der platten Banalität seines Privatlebens. Er gab selbst das so gar nicht Außerordentliche seiner kulturellen Interessen zu: *... in meinen seltenen Mußestunden lese ich alte und neue Bücher insbesondere historischen oder politischen Charakters, nehme auch solche Romane nicht aus, die zu Diskussionen geführt haben ... Ich habe nicht viel Zeit, in die Oper zu gehen, wo ich dann lyrischer und freudiger Musik den Vorzug gebe, dem kriegerischen Lyrismus eines Verdi und Wagner und der Heiterkeit Rossinis. Ihr werdet euch nicht wundern, wenn ich sage, daß ich dem Jazz durchaus keine Antipathien entgegenbringe; als Tanzmusik finde ich ihn sehr amüsant. Ich lese im Sommer mehr als im Winter; ich glaube, ich lese an die 70 Bücher im Jahr. Ich lese Französisch, Deutsch und auch Englisch. Ich arbeite 12 bis 14 Stunden am Tag. Meine Arbeitsweise ist absolut ordentlich und methodisch.*[132] Mussolini scheute sich auch nicht, seine kleinbürgerliche Freude darüber zu äußern, daß er «arriviert» war: *... In meinen Stallungen habe ich die schönsten Pferde, die ich je gesehen habe. Ich habe den unerschrockensten Chauffeur, den ich kennen-*

Donna Rachele

Vittorio

*Mussolini, Donna Rachele, Edda, Vittorio, Bruno, Romano, Anna Maria
(Offizielles Foto der Familie Mussolini, das von dem zuständigen Büro
beim Ministerium für Volkskultur freigegeben wurde)*

lernte. In der Gefahr trete ich niemandem den ersten Platz ab. Ich erhalte viele Bittschriften von Russen, aus dem alten zaristischen Rußland, die mich als Retter der Monarchie in Europa begrüßen und meine Hilfe erflehen, die russische Zarenfamilie wieder auf den Thron zu bringen. Ich erhalte Gedichte aus allen Teilen der Welt. Die Araber singen für mich in orientalischen Metren, die Hindus senden mir ihre Sonette, die Romanen und Angelsachsen ihre Verse ohne Reime . . . Auch Geschenke kommen in Massen, seltsame Tiere von den Grenzen der Welt, Papageien aus Südamerika, Pferde aus Arabien, Bücher und Manuskripte von allen Seiten.[133] Im November 1929 gab Mussolini seine Wohnung in der Via Rasella auf, die er seit seiner Ankunft in Rom nur in Gesellschaft einer alten treuen Haushälterin bewohnt hatte. Jetzt zog er mit der ganzen Familie in die Villa Torlonia, ein aufwendiges, häßliches Gebäude, das aber in einem riesigen Park lag, was er seinem neuen Rang für angemessener hielt. Sein Familienleben richtete sich nach den üblichen Modellen des italienischen Bürgertums. Er war durchaus empfänglich für geschwisterliche Zuneigung und betrachtete seinen Bruder Arnaldo, der seinen alten Platz als Direktor der Tageszeitung «Popolo d'Italia» bekommen hatte, als einzigen wirklich zuverlässigen Mitarbeiter. In väterlicher Fürsorge nahm er selbst die prosaische Mühewaltung um die Karrieren seiner Kinder auf sich, um deren anständige «Unterbringung». Die glänzende Heirat seiner Ältesten, Edda, mit Galeazzo Ciano im Jahre 1930 wurde nach typischer Tradition von den Familien vereinbart. Die Mussolinis waren ganz besonders zufrieden, daß sie sich mit einer so reichen und «heroischen» Familie verschwägerten, wie der von Costanzo Ciano, der im Ersten Weltkrieg die Goldmedaille (eine sehr seltene Auszeichnung) erhalten hatte. Der Schwiegersohn war jung und brillant und wurde bald «Dauphin» des Mussolinischen «Hofes», ein hervorstechendes Element unter Parteigängern der ersten Stunde, Verwandten und den eigenartigen Persönlichkeiten, die zum Privatleben des Duce gehörten. Eine bedeutende Rolle in dieser bunten Runde kam den Frauen zu, seinen zahlreichen Geliebten.

Ganz unverändert hatte sich im Laufe der Zeit seine jugendliche Vorliebe für «Ding-Frauen» erhalten. Der Mythos der Virilität zwang ihn zu einem ausgesprochen rassistischen Verhalten gegenüber dem anderen Geschlecht: . . . *wir wollen nicht vom Thema abschweifen und diskutieren, ob die Frau höher oder niedriger steht. Wir konstatieren, daß sie anders ist. Ich bin ziemlich pessimistisch . . . ich glaube zum Beispiel, daß die Frau keine größere Befähigung zur Synthese besitzt und daher zu höherem geistigem Schaffen unbefähigt ist,* hatte er am 15. Mai 1925 bei einer Debatte über die Gewährung des Frauenstimmrechts vor der Kammer verkündet und sich mit dieser seltsamen Begründung dafür ausgesprochen: . . . *im Familienkreis wird überhaupt nichts passieren. Aus einem sehr einfachen Grund. Ihr dürft nicht annehmen, daß das Leben der Frau morgen von dieser Episode beherrscht wird. Den Vorrang im Leben der Frau hat immer die Liebe zu den Kindern oder zu einem Mann. Liebt sie ihn nicht, so hat sie schon gegen ihn gestimmt.*[134]

Auf diese Weise gelang es ihm mühelos, mit den verschiedensten

Die Familie Mussolini in der Villa Torlonia,
wo die Hochzeit von Edda mit Graf Ciano gefeiert wurde
(aus «L'Illustrazione Italiana» vom 4. Mai 1930)

Frauen-Modellen zusammen zu leben. Seine Ehefrau Rachele war die «Gattin» und «Mutter», die nur als sublimiertes Wesen respektiert und geliebt wurde und bereit war, sich nach fünfzehnjährigem Zusammenleben am 29. Dezember 1925 der schäbigen Farce einer kirchlichen Trauung zu unterziehen, damit seinem Hang zur Respektabilität Genüge geschah. Noch in fortgeschrittenem Alter unterzog sie sich nicht ungefährlichen Schwangerschaften, um in den von der «Staatsraison» diktierten bevölkerungspolitischen Schlachten ein gutes Beispiel zu geben. Margherita G. Sarfatti, seine langjährige Mitarbeiterin beim sozialistischen «Avanti!», war Mussolini gefolgt und leitete das offizielle faschistische Blatt «Gerarchia» [Hierarchie]; später wurde sie seine persönliche Biographin und spielte überhaupt in seinem Leben die Rolle der Intellektuellen, die seine kulturellen Bedürfnisse befriedigte. Die Gattinnen der Parteibonzen, die Damen der großen Gesellschaft Roms, die ausländischen Journalistinnen, waren seine Eintagsgeliebten, die er – ein weiteres Beispiel seiner persönlichen Machtinterpretation – rasch und ohne Gefühlsduseleien auf der Steinbank vor dem hohen Fenster seines Arbeitsraums im Palazzo Venezia nahm; sie waren Eroberungen, die seine Sehnsucht nach viriler Selbstbestätigung befriedigten. Claretta Petacci schließlich war die «Geliebte». Mit ihr entdeckte er wohl zum erstenmal so etwas wie authentische Hingabe und Freude am Sex. Er brach aus seinem Rollenverhalten als Duce in «humane» Dimensionen durch, und vielleicht gelang es Clarettas Sensualität, die Ideologie zu überwinden. Ihre gefühlsmäßige Übereinstimmung war sehr stark, und so konnte Mussolini mit dieser «Liebe» einen menschlichen Kontakt «alla pari» herstellen, der tief und dauerhaft war. Sie hatten sich 1932 kennengelernt, als Claretta gerade zwanzig Jahre alt war. Ihr Liebesverhältnis begann 1936 und endete erst mit dem Tode beider. Hierzu schreibt der Publizist Paolo Monelli: «Vielleicht war es die Öde eines einsam verbrachten Lebens ohne Freunde und Entspannung, vielleicht war es ihre Jugend, ihr damals so lebhafter Charakter, ihre Lachlust, Schlagfertigkeit und die Bereitschaft, sich zwanglos und in bescheidener, dankbarer Anschmiegsamkeit hinzugeben. Jedenfalls band er sich an das Mädchen mit einer Ungeduld und Zärtlichkeit, mit einer eifersüchtigen und heftigen Leidenschaft, die neu für ihn waren.»[135]

Aber die Lauterkeit der Gefühle konnte diese Situation doch nicht über die typische Banalität eines Dreiecksverhältnisses erheben, das in Praxis und Ideologie des italienischen Mannes («maschio italiano») so verbreitet ist. Es gab auch hier nur wenige originelle Elemente: eine improvisierte und gar nicht konventionelle Note erhielt diese «love story» – statt des traditionellen «happy end» – durch die italienischen Freiheitskämpfer, als sie die Liebenden an einem grauen Frühlingsmorgen des Jahres 1945 in der lieblichen Umgebung des Comer Sees erschossen.

Vielleicht gelang es Mussolini in seiner Außenpolitik, eigene autonome Entscheidungen durchzusetzen und eine persönliche Interpretation seiner Rolle zu geben. Anfangs entfernte er sich allerdings auch hier nicht sehr von den orthodoxen Vorbildern der liberalen Diplomatie, als er zuließ, daß zunächst Salvatore Contarini und später Dino Grandi mit Überzeugung «im Geist von Locarno» arbeiteten und eine Politik der vorsichtigen Angleichung an die westlichen Demokratien betrieben. Damals war der Faschismus in der «Agrarphase» seiner Wirtschaftspolitik. Die Hypothesen über «bäuerliche Kolonisation» als Ventil für den nationalen Bevölkerungsschub lenkten Mussolinis «revisionistische» Ungeduld 1926 vor allem auf das Ziel einer internationalen Neuordnung der Kolonialfrage. Um diese Zeit wurde die «Rückeroberung» Libyens eingeleitet; man besetzte die inneren Zonen des Landes, eine Aktion, die erst 1932 zum Abschluß kam.

Mussolini neigte dazu, die nationale Besonderheit des faschistischen Phänomens zu unterstreichen: . . . *es ist nicht möglich, daß der Faschismus im Ausland verstanden werden kann, da die historischen, geographischen, ökonomischen und moralischen Gegebenheiten dort ganz anders sind.*[136] Er widerstand der expansionistischen Verlockung des Augenblicks, der durch die internationale Konjunktur ideologisch günstig war. Vor allem in Osteuropa setzten sich unterschiedliche Formen eines politischen Autoritarismus durch: Horthy, Primo de Rivera, Piłsudski, Voldemaras, Salazar, deren Regime sämtlich durch eine gemeinsame antikommunisti-

Claretta Petacci, Mussolinis Geliebte, 1938

sche Matrix mit dem Faschismus verbunden waren. Statt dessen wählte Mussolini eine Politik der «Äquidistanz»; so folgten auf Äußerungen der Dankbarkeit für die Vereinigten Staaten Prahlereien über die Anerkennung durch Sowjetrußland. Die seltenen polemischen Ausfälle seiner politisch gemäßigten Linie waren Österreich und Deutschland vorbehalten und galten immer der Südtirol-Frage: . . . *dem deutschen Volke sagen wir: dir möchte das faschistische Volk ein aufrichtiger Freund sein; aber ein Freund, der dir in die Augen blickt, ein Freund, der nicht die Hände an der*

Hosennaht hat, ein Freund ohne mehr oder weniger gekünstelte Überheblichkeit, denn deren Zeit ist für uns unwiederbringlich vorüber.[137]

Der Revisionismus, der auch in einigen seiner damaligen Reden reichlich enthalten war – . . . *gibt es jemanden, der zu behaupten wagte, daß seit Versailles die Friedensverträge ein vollkommenes Werk sind? Menschenwerk sage ich und daher unvollkommen*[138] –, war nur ein Begleitmoment seiner generellen Aspirationen auf eine italienische Großmachtrolle. Noch einmal war es die «große Krise», die ihm eine entschieden revisionistische Wende seiner Außenpolitik eingab und ihn auf diesem Gebiet selbst unmittelbare Verantwortung übernehmen ließ. Dabei halfen ihm die gleichen Erkenntnisse, die ihn in den Tagen seiner blendenden sozialistischen Karriere die richtigen Schachzüge hatten machen lassen. Er folgerte: ebensowenig wie das Italien Giolittis würde auch das internationale System sein Gleichgewicht und eine dauerhafte Stabilität wiederfinden, sondern sich auf eine endgültige Krise zubewegen: . . . *wir kämpfen gegen eine untergehende Welt, die aber noch mächtig ist, weil sie eine enorme Kristallisation von Interessen vertritt*, behauptete er 1930 in seiner «Oktober-Botschaft». *Die Faschisten sind sich dessen bewußt. Der Antifaschismus ist nicht tot, die Opposition besteht noch. Nur das Kampfgebiet ist weiter geworden. Gestern war es Italien, heute ist es die ganze Welt, denn überall wird für oder gegen den Faschismus gekämpft.*[139]

Das Zerbrechen der nach dem Ersten Weltkrieg entstandenen internationalen Gleichgewichte bot ihm eine geeignete Gelegenheit, um seine persönlichen Talente, seine Skrupellosigkeit und Wendigkeit wie früher zu nutzen. Damals hatte der Kapitalismus noch nicht jene Strategie, jenes so wirksame Integrationssystem zwischen den Staaten entwickelt, das später die internationale Politik der zweiten Nachkriegszeit bestimmen sollte. Der italienische Kapitalismus gab damals eher allgemeine Orientierungen als bestimmte Vorschläge für eine internationale Stellungnahme zu erkennen. Es gab zwei Hauptrichtungen: «. . . die erste, die in der Finanzwelt und in den lombardischen und venetischen Hauptindustriezentren vertreten wurde und für die Wiederaufnahme der soliden und engen Vorkriegsbeziehungen zu Deutschland auf einer noch breiteren Skala war; die zweite (deren Spitze die Fiat-Werke bildeten, die aber auch in der neuen Kunststoffindustrie auf eine analoge Gesinnung traf), die eine Fortsetzung des Dialogs mit den amerikanischen Wirtschaftskreisen zu befürworten gedachte.»[140] Beide Tendenzen waren aber nicht ausgeprägt genug, um die Entscheidungen der Regierung beeinflussen zu können. In der schon erwähnten Oktober-Rede von 1930 äußerte Mussolini erste revisionistische Ziele, verband sie aber mit beruhigenden Friedensbekundungen: . . . *unsere Politik der Vertragsrevision selbst stellt darauf ab, den Krieg zu vermeiden und die Kosten, die Riesenkosten eines Krieges, zu sparen.* Es folgten aber auch einige imperialistische Erklärungen: . . . *was die Donau- und Ostpolitik Italiens anbetrifft, ist sie von lebenswichtiger Bedeutung. Wir versuchen, unser Gebiet bis zur letzten Scholle zu nutzen . . . Aber schließlich wird es ganz und gar von der wachsenden Bevölkerung ausgefüllt sein.* Gleichzeitig tauchten neue, bezeichnende «universalistische» Vorschläge auf: . . . *Ich behaupte heute, daß der Faschismus als Idee, Doktrin, Realisierung universal ist; italienisch in seinen einzelnen Einrichtungen, ist er universal im Geist . . . Man kann also ein faschistisches Europa voraussehen, ein Europa, dessen Institutionen von Doktrin und Praxis des Faschismus inspiriert sind.*[141]

Vollendet trat der «Imperialismus» als grundlegendes Element der faschistischen Ideologie in Mussolinis Essay von 1932 über die Doktrin des Faschismus (*Dottrina del Fascismo*) hervor: *Der faschistische Staat ist Wille zur Macht und zur Herrschaft. Die römische Tradition ist hierbei eine Idee der Stärke. In der Doktrin des Faschismus ist das Imperium nicht nur gebietsmäßiger, militärischer oder merkantiler Ausdruck, sondern geistiger und moralischer.*[142] Für ein an Bodenschätzen armes Land wie Italien konnte der Außenhandel eine ausgezeichnete Stütze für ein funktionsgerechtes wirtschaftliches Entwicklungsmodell sein. Die Engpässe der Wirtschaftskrise und die daraus folgenden Verletzungen auf internationaler Ebene (1931 war das Jahr des japanischen Angriffs auf die Mandschurei und großer Schwierigkeiten für den Völkerbund) machten solche Lösungen aber undurchführbar. Die Schließung der internationalen Märkte und das Ersticken des Binnenmarktes – die massiven Basis-Investitionen reichten nicht aus, um eine nachhaltige italienische Nachfrage zu gewährleisten – waren entscheidende Elemente bei der Politik der Kriegsvorbereitung, die als einziges Mittel angesehen wurde, um dem Industrieapparat des Landes Aufträge und Gewinne zu garantieren. Die Wachablösung im Außenministerium am 20. Juli 1932 zwischen Grandi und Mussolini setzte also eine radikale Wende und beschleunigte den Rhythmus einer Kriegspolitik, die im äthiopischen Krieg ihre erste militärische, koloniale und expansionistische Sanktion finden sollte. Auch hierbei hielt sich Mussolini an die schon bewährte «Doppelgleisigkeit». Stets versuchte er, Momente der Versteifung oder definitive Entscheidungen zu umgehen, und schwankte dabei zwischen «Konvergenz mit den besiegten Staaten» und der «Notwendigkeit, weder im Verhältnis zu Frankreich noch zu England in die Asche zu blasen».[143] Mit diesem Ehrgeiz, Zünglein an der Waage eines neuen europäischen Gleichgewichts zu werden, verbanden sich seine Bemühungen um Realisierung des «Viererpakts», der am 7. Juni 1933 zusammen mit England, Frankreich und Deutschland unterzeichnet wurde. *Es geht nicht darum, eine endgültige, unveränderliche Staatenhierarchie zu protokollieren und einzuweihen,* behauptete er vor dem Senat. *Eine solche Hierarchie besteht objektiv und geschichtlich, soweit es die vier Staaten Westeuropas anbetrifft. Aber Hierarchie heißt weder Vorherrschaft noch ein Direktorium, um anderen den eigenen Willen aufzuzwingen.*[144]

In Wirklichkeit ging es um den Versuch, die Rolle Italiens dadurch aufzuwerten, daß auf diplomatischer Ebene eine Gleichstellung mit den anderen Großmächten sanktioniert wurde. Der «Viererpakt» wurde recht kühl aufgenommen und von den anderen Vertragspartnern als bloßer «Konsultationspakt» akzeptiert. Trotzdem hatte Mussolini es geschafft, seine Respektabilität als «Vermittler» glaubhaft zu machen, die noch durch den Nichtangriffspakt mit der Sowjet-Union, vom 2. September 1933, gefestigt wurde, wodurch er einen größeren Spielraum für seine Expansionspläne erhielt. Die Linie der Vertragsrevision gab sich in der damaligen Phase eine ehrgeizigere Zielsetzung, wie die Neuverteilung der Ressourcen in aller Welt und die Neugestaltung der «Hierarchien» zwischen den einzelnen Nationen.

Eine erste Bestätigung seiner neuen internationalen Glaubwürdigkeit erfolgte, als im Sommer 1934 die österreichische Frage brisant wurde. Auf die Nachricht von der Ermordung Dollfuß' und dem fehlgeschlagenen nationalsozialistischen Putsch machte Mussolini vier Divisionen an der Grenze mobil; auch kabelte er sofort an Vizekanzler Starhemberg, daß er den Vorfall verurteile und die Unabhängigkeit Österreichs bedingungslos unterstütze. Seine Reaktion zwang Hitler, die Initiative zu verleugnen. Der positive Ausgang der Krise überzeugte Mussolini, daß er sich in der Zwischenzeit endgültig die Achtung der europäischen Mächte gesichert habe und der Zeitpunkt gekommen sei, ohne allzu große Risiken auf militärischem Gebiet in Afrika eine Kraftprobe zu versuchen, die das internationale Prestige des faschistischen Italien nicht heben konnte. Höchste internationalistische Euphorie herrschte damals im Lande. Der Propagandaapparat des Regimes verbreitete seine außenpolitischen Initiativen und benutzte sie als Ablenkungsmanöver von den miserablen Wirtschaftsbedingungen des Volkes. In verschiedenen industriellen Kreisen drängte man zu dem Kolonialabenteuer; so der Industrielle Alberto Pirelli, der eine «wirtschaftlich unabhängige Zone» für wünschenswert hielt, «um die tiefgreifenden Wirkungen der Krise zu überwinden»; so auch die kleinen und mittleren Textil-, Transport- und Handwerksbetriebe, die Gruppe der Bodenspekulanten. Sein Wissen um den prekären Zustand der internationalen Gleichgewichte überzeugte Mussolini davon, daß er einen imperialistischen Weg einschlagen dürfe, ohne allzuviel zu wagen.

Am 3. Oktober 1935 begann die Aggression gegen Äthiopien. Es wurde ein beispielhaft faschistischer Eroberungs- und Vernichtungskrieg, der allerdings nach den Regeln der alten liberalen Diplomatie und Vorbildern strengster militärischer Orthodoxie vorbereitet und geführt wurde. Mussolini, dem es gelungen war, das Zögern der Traditionalisten im Heer zu überwinden, hatte schon im Dezember 1934 den folgenden Herbst als spätesten Zeitpunkt für den Beginn der militärischen Operationen durchgesetzt. In allgemeiner Jubelstimmung brach am 7. Januar 1935 General Emilio de Bono als designierter Kommandant nach Afrika auf. Einen Tag vorher hatte Pierre Laval dem Unternehmen einen französischen Konsensus zugesagt. Der Hauptfeind Frankreichs und Englands hieß jetzt Hitler, und eine italienische Unterstützung gegen Deutschland mußte um jeden Preis erkauft werden. Bei dem Dreiertreffen von Stresa im April 1935 wurde nur ganz allgemein und formell die Opposition der beiden Länder gegen einen italienischen Angriff auf Äthiopien zum Ausdruck gebracht, wodurch sich Mussolini nicht sehr beunruhigen ließ. Als bei Kriegsbeginn der Völkerbund Italien als Angreiferland verurteilte und ihm wirtschaftliche Strafmaßnahmen auferlegte, nahm Mussolini das als hervorragende Gelegenheit wahr, die *innere Front* gegen diese *Verschwörung* von 52 Staaten zu festigen. So blieb er immun gegen jene panische Verwirrung, die am Vorabend des Krieges in den militärischen Kreisen vorherrschte: «. . . Aber es ist, ich sage es nochmals, meine unumstößliche Pflicht, Euer Exzellenz auseinanderzusetzen, daß ich die Lage, in der wir uns befinden werden, für die bei weitem schwerste halte, die unser Land jemals in der bewegten Geschichte seiner nationalen Formung und Festigung durchlaufen hat»[145], schrieb Badoglio als damaliger Generalstabschef im Sommer 1935. Die massive Präsenz der «Home Fleet» im Mittelmeer löste in den katholischen und konservativen Kreisen Italiens heftige Alarmstimmung aus. Man rechnete hier auch mit einer bevorstehenden tiefen Regimekrise. Aber Mussolinis Befehl an de Bono war unwiderruflich: *. . . ich befehle dir den Vorstoß für die ersten Stunden des dritten, ich sage: des dritten Oktober.* Die abessinischen Truppen hatten sich bereits 80 Kilometer von der Grenze zurückgezogen, um keine Zweifel an der italienischen Verantwortung aufkommen zu lassen. Am 6. Oktober hatte das faschistische Heer den Schwung der Offensive bereits verloren. Mussolini wurde ungeduldig. Er wollte einen Prestigesieg, einen raschen Vormarsch, die Vernichtung des Feindes. Die Partie, die er auf diplomatischer Ebene spielte, war an den Einsatz von Waffen gebunden. Aus Rom überschlugen sich immer frenetischere Befehle: *. . . bis Mitte November muß das ganze Tigre-Gebiet bis Makale unser sein.* De Bono zögerte angesichts der unüberwindlichen Nachschubprobleme. Aber Mussolini blieb unerschütterlich: *Um die politischen Erfordernisse mit den militärischen abzustimmen, befehle ich dir, am Morgen des 3. November die Aktion gegen das Ziel Makale-Takase wiederaufzunehmen. Am 3. Oktober ist es gutgegangen. Jetzt wird es noch besser gehen.* Am 8. November wurde Makale besetzt. Sofort kam Mussolinis Befehl: *. . . unverzüglich den Marsch auf Amba Alagi wiederaufnehmen.* Das war zu viel. Auch für einen Faschisten wie de Bono hörte sich der Befehl des Duce strategisch katastrophal an. Der alte General verweigerte zum erstenmal den Gehorsam. Bereits am 15. November wurde er durch Badoglio abgelöst. Die Ankunft des Generalstabschefs, der schon bei der Rückeroberung Libyens gezeigt hatte, daß er die Logik des faschistischen Kriegs zu seiner eigenen machte und von sich aus noch den Kult der piemontesischen Tüchtigkeit hinzufügte, brachte eine jähe Wende in den weiteren Kriegsverlauf. Es war eher der Kriegscharakter, der sich änderte, als die Art der Kriegführung. Das Ziel hieß jetzt: totale Zerstörung der abessinischen Streitkräfte und vollständige Eroberung Äthiopiens. Um es zu erreichen, machte man in terroristischer Weise Gebrauch von Bombardements, Gas und Senfgas. Kurz, in diesem Feldzug, den de Bono zu Unrecht für den letzten traditionellen Kolonialkrieg des 19. Jahrhunderts gehalten hatte, wurde das grausamste Rüstzeug des modernen Kriegs zum Einsatz gebracht. Der abessinische Widerstand brach tatsächlich zusammen. Am 5. Mai 1936 zog Badoglio in die Hauptstadt Addis Abeba ein. Der Negus, Kaiser von Äthiopien, hatte sein Land verlassen.

Die ewige Starrheit des Blicks

Über das Ereignis, das man für einen Riesensieg hielt, brach diesmal nicht nur in faschistischen Kreisen, sondern auf jedem gesellschaftlichen Niveau ungeteilter Jubel aus. «Innerhalb des Jahres 1936 wird es in Italien keinen einzigen Arbeitslosen mehr geben», schrieb ein anonymes «Schwarzhemd» an Mussolini. In dieser Richtung speiste man den Enthusiasmus der Volksmassen, und das mit Sprüchen, die durch die Maschen der Propaganda und die Indoktrinierung des Regimes gefiltert waren.[146]

Der Untergang (1936–1943)

Die Feierlichkeiten zum ersten Jahrestag des Neuen Römischen Imperiums spielen sich mit berechtigtem Stolz und voller Freude der Bevölkerung ab und stehen im dreifach günstigen Zeichen von Ruhm, Macht und Frieden.[147] So bejubelte Mussolini die Eroberung des Kolonialreichs am 9. Mai 1937, ein Jahr nach dem Sieg über Äthiopien. Er hielt dieses Ereignis jahrelang für seinen bedeutendsten außenpolitischen Erfolg, aber dieser sollte ihm trotzdem keine ungeteilte Freude bereiten. Als Gebiet existierte das Imperium nur entlang den italienischen Garnisonslinien, während im Landesinnern eine endemische Guerilla wütete, was dazu beitrug, daß dieses Besatzungsregime 1941 nach kaum fünf Jahren unter dem Ansturm wesentlich schwächerer englischer Streitkräfte rasch zusammenbrach. Auch die wirtschaftlichen Ergebnisse waren längst nicht so brillant, wie Mussolini gehofft hatte. *Zum Kampf um die Autarkie wird das Imperium mit seiner Baumwolle, mit Kaffee, Fleisch, Hühnern, Wolle, wertvollen Mineralstoffen, angefangen beim Gold, entscheidend beitragen*[148], hatte er am 15. Mai 1937 vor der 3. Korporationen-Versammlung angekündigt. 1938 überstiegen die Einfuhren aus den Kolonien aber noch nicht einmal zwei Prozent des italienischen Gesamtimports, während die Kosten des Mutterlands zehnmal höher waren als das Volumen des Handelsaustauschs. So mußte etwa die Hälfte des Lebensmittelbedarfs der Kolonien aufgebracht werden. Auch die Ansiedlung italienischer Bauernfamilien – einer der Schlüsselpunkte in der Bevölkerungspolitik des Regimes – beschränkte sich trotz lautstarker Propaganda auf nur einige tausend Fälle, zu denen die 1800 Familien gehören, die 1937 in einem Konvoi von siebzehn Schiffen unter dem Kommando des Generals Italo Balbo nach Libyen transportiert wurden.

Die Brutalität der italienischen Intervention tat der Glaubwürdigkeit erheblichen Abbruch, die der Duce mit seiner Politik der «Doppelgleisigkeit» auf internationalem Boden gewonnen hatte. Äthiopien beklagte im Krieg 1935/36 275000 Tote; 75000 Äthiopier starben in den dann folgenden Untergrundkämpfen. 18000 fielen Säuberungsaktionen zum Opfer, 35000 starben in Konzentrationslagern, 30000 infolge von Vergeltungsmaßnahmen, und die Militärgerichte ließen weitere 24000 Menschen erschießen.[149] Zu diesem Zeitpunkt begann das Pendel der Mussolinischen Diplomatie ganz eindeutig in deutsche Richtung auszuschlagen. Die Folge war, daß er jetzt auch auf die letzten Freiräume politischer

Autonomie verzichten mußte, die ihm noch verblieben waren.

Damals trat zu den Machtzentren, die Mussolinis Entscheidungsfreiheit in Italien strategisch begrenzten, ein ungeheuer mächtiger Bundesgenosse, der die außenpolitischen Entscheidungen schließlich ausschlaggebend beeinflussen würde. Es war allerdings kein linearer Prozeß; Mussolinis endgültige Subordination unter Hitler wurde erst in den Jahren des Zweiten Weltkriegs vollendete Tatsache. Aber schon seit 1936 war abzusehen, daß es einmal so kommen würde. Zu diesem Zeitpunkt war nämlich Mussolinis ursprünglicher Argwohn (er hatte deswegen die Unterredungen abgelehnt, die Hitler mehrfach in den Jahren 1931 und 1932 angeregt hatte) in der gleichen Weise verschwunden wie die etwas ironische Nachgiebigkeit, mit der er den Führer im Sommer 1934 bei ihrer ersten Begegnung in Venedig empfing. Abhanden gekommen schien seine Unduldsamkeit gegen die rassistische Exklusivität des Nationalso-

Die Autarkie: Plakat des Komitees für italienische Erzeugnisse (Text: «Nehmt den Kindern unserer Arbeiter nicht das Brot – kauft italienische Erzeugnisse»)

zialismus: . . . *dreißig Jahrhunderte Geschichte erlauben uns, mit souverä-*
nem Mitleid auf einige Doktrinen von jenseits der Alpen zu blicken, die von
Leuten aus der Sippschaft derjenigen vertreten werden, die noch nicht
einmal eine Schrift ihr eigen nannten, mit der sie die Zeugnisse ihres Lebens
weitergeben konnten, zu einer Zeit, als Rom Caesar, Vergil und Augustus
hatte[150], prahlte Mussolini im September 1934. Fatal war wieder einmal
sein Mangel an politischer und ideologischer Autonomie. Abgesehen von
spezifischen Unterschieden, die mit den nationalen Realitäten zusam-
menhingen, verfolgten Faschismus und Nationalsozialismus ein gleiches,
strategisches, antikommunistisches Ziel. Hierbei kamen Hitler seine
ideologischen Kenntnisse aus dem Kampf zu Hilfe, den der Nationalsozialismus gegen die deutsche Arbeiterschaft hatte führen müssen, und sie
setzten sich in jene allumfassenden Strukturen um, die – von der Fabrik
bis zur ganzen Gesellschaft, vom Kommando über die Arbeitskraft bis zur
Staatsmacht – ein Regime mit unzweifelhaft originellen Zügen zu realisie-
ren vermochten. In Hitler-Deutschland schien jede Spur von Klassenkampf zu schwinden, der in Italien selbst in den faschistischen korporativen Strukturen überlebte, wenn auch unter den schwierigsten Bedingungen und auf ziemlich verzerrte Art, und der das Regime unterminierte.
Hitlers ideologische Überlegenheit schien also auch eine Folge der Tatsache, daß die historische Niederlage der linken Kräfte in Deutschland
wesentlich größere Proportionen gehabt hatte.

Mit der gemeinsamen antikommunistischen Ideologie verband sich
auch eine gemeinsame politische Linie: der Imperialismus. Das Ziel
beider Regime, das in der Unterdrückung jeglicher sozialen Auseinandersetzung bestand, zwang sie auch zu einer «Verlegung der Konfliktuali-
tät nach außen, auf die Ebene des Kampfes zwischen Staaten, des zwi-
schenstaatlichen Wettstreits, des Völkerzusammenstoßes»[151]. Aber Imperialismus bedeutete auch für beide die Entscheidung für das gleiche
ökonomische Modell der Krisenüberwindung; und auch hier begünstigte
die robustere sozialökonomische Struktur Deutschlands die unvermeid-
bare Hitlersche Hegemonie.

Das erste Abkommen zwischen Rom und Berlin, das bei der Deutschland-Reise Cianos am 23. Oktober 1936 zustande kam, hing also mit
beiden Elementen zusammen, mit Antibolschewismus und Imperialismus. Noch war es nicht die organische Allianz der Vorkriegszeit; Mussolini machte noch weitgehende Konzessionen an die Schaukelpolitik:
. . . *diese Vertikale Berlin–Rom ist keine Trennwand, sondern eher eine*
Achse, in deren Umkreis alle europäischen Staaten mitarbeiten können, die
vom Willen zur Zusammenarbeit und zum Frieden beseelt sind. Aber der
ideologische Bezug war deutlich: . . . *kein Wunder, wenn wir heute die*
antibolschewistische Fahne hissen. Schließlich ist das unsere alte Fahne![152]
– und die imperialistische Perspektive zeigte deutlich an, wo die künftigen
«Einflußsphären» liegen würden: Mittelmeerraum für Italien, baltischer
und osteuropäischer Raum für Deutschland.

Eine weitere wichtige Etappe auf dem Weg zur Annäherung zwischen
Nationalsozialismus und Faschismus war die Intervention der beiden

Staaten im spanischen Bürgerkrieg, auch diesmal im Namen des Anti-kommunismus. In Spanien wurde zum erstenmal ein Schema praktisch angewandt, das ohne größere Variationen bis zum 25. April 1945 immer wiederkehren würde. Die deutsche Kriegsbeteiligung wurde als General-probe für einen Weltkonflikt verstanden, den Deutschland ab November 1937 vorbereitete. Männer und Material wurden auf die Probe gestellt, Experimente mit raffinierten Vernichtungstechniken durchgeführt, die dann während der ersten Phasen des Weltkriegs erfolgreich angewendet wurden. Ein antibolschewistischer Spannungsherd wurde drei Jahre lang geschürt, der von vornherein die Ausbildung jeder Hitler-feindlichen Koalition sabotierte und Deutschland außerdem erhebliche Wirtschafts-vorteile sicherte. Auf faschistischer Seite erfolgte der Beschluß zur Inter-vention inmitten der vollkommensten politischen Verworrenheit. Im Ge-gensatz zu Hitler-Deutschland verfolgte Italien sehr geringe praktische Ziele: die Notwendigkeit einer strategischen Alternative als Ausgleich zum Gewicht der englischen Flotte im Mittelmeerraum war kein ausrei-chender Grund, um ein dreijähriges militärisches Abenteuer zu rechtfer-tigen, das 3000 Menschenleben, 14 Milliarden Lire (doppelt so viel wie der jährliche Militärhaushalt des Landes) und ungeheure Mengen an Material kostete; 250000 Gewehre, 2000 Stück Artillerie, über 750 Flugzeuge, ein Drittel des gesamten italienischen Kriegsmaterials ging in Spanien verloren, und es war ausgeschlossen, die im äthiopischen Krieg reduzierten Vorräte aufzufüllen.[153] Ohne Zweifel hatte der afrikanische Erfolg Mussolinis groteske Illusion bestärkt, ein genialer Kondottiere zu sein und über ein effektives Heer zu verfügen. So kam es, daß er die Selbstbestätigungsbedürfnisse seines «Dauphins» Galeazzo Ciano unter-stützte, der seit dem 6. Juni 1936 neuer Außenminister und eigentlicher Protagonist der ruinösen Entscheidungen war. Mindestens ein Jahr lang gingen die Berichte der Befehlshaber in Spanien an Ciano, während die Aufgaben des stellvertretenden Kriegsministers Alberto Pariani (den Mussolini an die Stelle des widerborstigen Baistrocchi gesetzt hatte) rein formeller Art waren.

Gleichwohl war das entscheidende Element, das Mussolini zu der spanischen Intervention «verpflichtete», im wesentlichen ideologischer Natur. Der Antikommunismus hatte nämlich in seiner Außenpolitik die zentrale Rolle eingenommen, die vor 1936 dem «Revisionismus» zuge-fallen war: . . . *eine einzige Gefahr bedroht unsere Kultur, unsere Integrität und unsere Zivilisation, und diese Gefahr ist der Bolschewismus,* hatte er am 18. Januar 1937 an die «europäischen Völker» appelliert.[154] Nach dem Sieg über Äthiopien und nachdem auf nicht mehr reparable Weise das in Versailles sanktionierte Gleichgewicht zerstört war, konnte er sich kaum noch als Verfechter eines Kampfes gegen «ungerechte Verträge» präsentieren, die inzwischen alle Bedeutung verloren hatten.

Diese politischen und ideologischen Prämissen besiegelte Mussolinis Deutschland-Reise im September jenes Jahres. Zum erstenmal seit Lo-carno reiste er ins Ausland, und er hob das Außergewöhnliche dieser Reise hervor: . . . *Mein Besuch darf nicht mit dem gleichen Maß gemessen*

Der spanische Bürgerkrieg: die italienischen Truppen marschieren

werden wie die normalen politisch-diplomatischen Besuche, und die Tatsache, daß ich nach Deutschland gekommen bin, bedeutet nicht, daß ich morgen woandershin gehe.[155] Das Schauspiel von Macht und Enthusiasmus, das die Nazi-Propaganda für ihn veranstaltete, riß Mussolini mit und hin: . . . *Der Einzug in die Reichshauptstadt ist triumphal. Zwei Millionen Berliner, die eine Wegstrecke von 15 Kilometer säumen, rhythmisieren ununterbrochen das faszinierende Wort: Duce, Duce, Duce.*[156] Ein Besuch bei den Essener Krupp-Werken und Kontakte mit dem militärischen Apparat der Deutschen überzeugen ihn von deren grenzenloser Stärke, die bis dahin unmögliche Projekte würde verwirklichen können. In seinen Gesprächen versuchte er, auf organische Weise die Elemente der Übereinstimmung zwischen beiden Ländern festzuhalten; er führte zu diesem Zweck den Antikommunismus – . . . *Nationalsozialismus und Faschismus haben überall die gleichen Feinde, die dem gleichen Herrn dienen: der Dritten Internationale* – und die Politik der Autarkie ins Feld. Man konnte aber bemerken, daß Hitler ihn persönlich erobert hatte, indem er sich jener unwiderstehlichen Anziehungskraft bediente, die das Element der «Stärke», der wirksame Katalysator der Gewalt, schon immer auf Mussolini ausgeübt hatte.

Bei seiner Rückkehr nach Italien ging der Bruch mit den westlichen Demokratien ziemlich überstürzt vor sich. Am 6. November 1937 trat Italien dem Antikomintern-Pakt bei, der ein Jahr zuvor von Japan und

Deutschland unterzeichnet worden war; am 11. Dezember erfolgte die Ankündigung von Italiens Austritt aus dem Völkerbund in einer rauschhaften Stimmung: «... es fehlen noch wenige Minuten an 22 Uhr; seine Exzellenz, der Parteisekretär Starace, erscheint auf dem Balkon und ruft: ‹Schwarzhemden, Silentium! Der Große Rat beschließt!› Die Menge wird sofort still. Aber man braucht nicht lange zu warten. Nach wenigen Minuten öffnen sich die Fenster im Palazzo Venezia. Und da erscheinen die Mitglieder des Großen Rates, da steht auf dem Mittelbalkon der Duce. Als der Parteisekretär Herr über Enthusiasmus und Rührung der Menge geworden ist, teilt er den Beschluß des Großen Rats mit: ‹Schwarzhemden! Der Große Rat hat den Vorschlag des Duce zum Austritt aus dem Völkerbund angenommen.› Sofort bricht auf dem Platz begeisterter Beifall los.»[157]

Eine der wichtigsten Folgen der ideologischen Beeinflussung durch den Nationalsozialismus war die Einführung der Rassen-Thematik in die faschistische Politik. Jetzt ging es nicht mehr um einen latenten Rassismus, wie bei der Rassendiskriminierung in Äthiopien, die mehr oder weniger an Apartheid erinnerte. Bei der damaligen Form ging es nicht um theoretische, zum Prinzip erhobene politische Praktiken. Erst nach seiner Deutschland-Reise experimentierte der Duce mit einigen groben Schematisierungen von faschistischem Rassismus: ... *Es muß in den Kopf hinein, daß wir keine Mongolen, keine Hamiten und keine Semiten sind. Und wenn wir also nicht von einer dieser Rassen abstammen, sind wir doch offensichtlich Arier und kommen von den Alpen her, vom Norden. Folglich sind wir reinrassige Arier mediterranen Typs.*[158]

Vor allem der Antisemitismus zog sich jetzt leitmotivartig durch die Publizistik des Regimes, und die Öffentlichkeit wurde mit nie dagewesenen Propagandakampagnen bombardiert. Man hörte allerdings die Verzerrungen deutscher Provenienz heraus. In Italien fehlten die strukturellen Bedingungen, die es dem Antisemitismus ermöglicht hatten, sich als wesentliches Element der ideologischen Botschaft Hitlers zu behaupten. Auch der Faschismus selbst paßte sich hier nur teilweise an, indem er das Thema für politische Prioritäten benutzte, die außerhalb der eigentlichen Rassenfrage lagen. Vielleicht folgte nur der extremste und deutschenfreundlichste Flügel des ehemaligen Squadrismus (Farinacci, Preziosi) den Hitler-Theorien voll und ganz. Mussolini selbst und die anderen hohen Ränge bedienten sich des Antisemitismus als eines Instruments der ideologischen Mobilmachung bei der Kampagne für die «dritte Welle», deren reales Ziel die Vorbereitung der Nation auf den Krieg war.

Die militärische Niederlage von Guadalajara (Spanien) im März 1937, die vor allem das Werk italienischer Antifaschisten war, hatte in Italien große Bestürzung hervorgerufen. Auch Mussolini war trotz seiner verlegenen Rechtfertigungsversuche – *mehr als von einem Mißerfolg hatte man von einem italienischen Sieg zu reden, den auszunutzen die Ereignisse nicht zuließen*[159] – sehr betroffen über die gleichzeitige Entdeckung der eindeutig mangelhaften militärischen Vorbereitung. Im Volk hatte zudem

Die beiden Führer: Mussolini und Hitler

der äthiopische Sieg ein gefährliches Gefühl von «Sätte» hinterlassen. Der antibolschewistische Kreuzzug – seit Jahren ohne Orientierungspunkte, da die kommunistische Partei im Untergrund arbeitete – genügte offenbar nicht, um eine ideologische Spannung aufrechtzuerhalten, die das Regime seit Jahren propagierte. Der groteske Formalismus des Parteisekretärs Starace, das «Siezverbot», das Verbot fremder Namen und Worte, die Pflicht, mit «Viva il Duce!» zu grüßen, bewirkten vor allen Dingen eine mitleidlose, ironische Spottlust beim Volk. In dieser Situation diente der Antisemitismus als wichtiger ideologischer Notbehelf, den der Duce – zusammen mit einer wiederaufgewärmten «antibürgerlichen» Kampagne – heranzog, um Abhilfe für die «moralische Krise» zu schaffen, die sich nach der Niederlage von Guadalajara und den Ereignissen im Zusammenhang mit dem «Anschluß» ausbreitete.

Die deutsche Intervention in Österreich (12.–14. März 1938) demolierte das internationale Prestige des italienischen Faschismus beträchtlich. Mussolini mußte notgedrungen die Überlegenheit der Logik «vollendeter Tatsachen» eingestehen, die die politischen Entscheidungen seines Bündnispartners inspirierten: ... *Den restlichen Befürwortern eines minderwertigen Machiavellismus, den wir ablehnen, kann man entgegenhalten, daß es besser ist, wenn ein Ereignis unabwendbar wird, man macht es mit Euch statt Euch zum Trotz oder schlimmer noch: gegen Euch ...*[160] Ein bitterer Realismus prägte die ganze verlegene Verteidigungsrede vom 16. März. Mit dem «Anschluß» wurde ihm die politisch-militärische Initiative der europäischen Reaktion von Hitler aus der Hand genommen. Es blieb ihm nichts anderes zu tun übrig, als eine rein ideologische Revanche zu versuchen, um der Ratlosigkeit und Niedergeschlagenheit zu begegnen, die sich im Innern seines Regimes ausbreiteten.

Am 25. Oktober 1938 leitete er mit einer «privaten» Rede vor dem National-Rat der PNF die «dritte Welle» ein; sie richtete sich gegen eine Bourgeoisie, die er – mit einigen Zugeständnissen an den Idealismus seiner jetzt so fernen sozialistischen Vergangenheit – als «politisch-moralische» Kategorie identifizierte: ... *Der Bürger ist ein Feind des Sports. Er ist ein Todfeind des Sports und alles dessen, was seinen ewigen Seelenfrieden stören könnte. Natürlich ist er für den Frieden, ist barmherzig, pietätvoll, rührselig, stets human, unfruchtbar. Unfruchtbar deswegen, weil der Bürger berechnend ist ... Eine allzu berechnende Vernunft ist ein Feind dessen, was die unbezwingbaren, tiefen Urformen der Menschheit sind.*[161] Um diesen Feind in die Knie zu zwingen, kündete er ein detailliertes Programm von «Schlägen in die Magengrube» an: den römischen Paradeschritt; das «Siez»-Verbot; Rassenfrage; Uniformzwang für zivile Angestellte (*ganz Italien muß militarisiert werden*); die Achse (*die Achse liegt all jenen Bürgern auf dem Magen, die mit einem Auge nach Frankreich schielen und annehmen, daß England das Ideal für jeden Staat und überhaupt für jeden guterzogenen Menschen ist*).[162] Der Appell war vor allen Dingen an die Massen der Jugendlichen gerichtet, die er schon damals als anzusprechende Adressaten gewählt hatte, als er sich von der sozialistischen Partei getrennt hatte. Aber diesmal klangen seine Akzente falsch und rhetorisch, denn sie maskierten die einzigen konkreten Inhalte seiner Worte: die Militarisierung des Landes und die Vorbereitung auf den Krieg.

Die Kriegsperspektive war das vereinheitlichende Moment der zahlreichen Themen, die für die Kampagne zur «dritten Welle» herhalten mußten. Die «Mystik der Autarkie» (... *bei dieser Bemühung um wirtschaftliche Unabhängigkeit hat es keine Deserteure gegeben und es wird auch keine geben, und auch keine Nachzügler*) und die antibürgerliche Propaganda verdeckten eine Realität, die im Namen der Unvermeidlichkeit des Krieges wieder einmal den agrarisch-industriell-finanziellen Block begünstigte, der der Hauptbevorteilte der autarkischen Entscheidungen zu sein schien. Die Prämissen in dieser Richtung waren schon mit dem Krisenüberwindungsmodell gesetzt worden (maximale Entwicklung der Basis- und Kriegsindustrie und Konsumeinschränkung), das der Faschismus am Anfang der dreißiger Jahre eingeführt hatte. Später sah der «Aufbauplan für die neue italienische Ökonomie» (vom 23. März 1936) als Ziel «maximale Autonomie bei den Rohstoffen und Übergang der Schlüsselindustrien für die Verteidigung in den Staatsbereich» vor. Diese Tendenzen wurden erst 1937 Wirklichkeit (... *In einer Welt wie der jetzigen, die bis an die Zähne bewaffnet ist, die Waffe der Autarkie niederzulegen, würde morgen im Kriegsfall bedeuten, denjenigen ausgeliefert zu sein, die haben, was sie brauchen, um ohne Einschränkungen an Zeit oder Mitteln Krieg zu führen*[163]), als der Zusammenhang zwischen Autarkie und Krieg für alle offensichtlich war. Mussolini beschäftigte sich damals direkt mit der Koordinierung der Autarkie-Politik und überwand zu diesem Zweck seine traditionelle Unduldsamkeit gegenüber der «Ökonomie». Aber er erzielte nur sehr bescheidene Ergebnisse. Die Oberflächlichkeit gewisser Lagebeurteilungen – ... *es wird immer eine oder mehrere Nationen geben, die unseren restlichen Kohle-Bedarf decken werden* – und die falschen Hoffnungen auf Erfindungen – ... *die italienische Genialität von Forschern und Industriellen hat triumphiert, und triumphiert hat auch der politische Glaube, gefördert durch nationale Pflicht und Notwendigkeit*[164] – standen in krassem Gegensatz zu der wachsamen Hellhörigkeit, mit der die Industriellen das autarke Regime ausschließlich zu ihren Zwecken zu nutzen wußten. Während sie selbst die weitgehendsten Garantien für eine wirksame soziale Disziplin und optimale Gewinnchancen erhielten, erlaubten sie ihrerseits dem Regime und Mussolini keine nennenswerten Eingriffe in ihre Produktionslinie.

Das Problem der industriellen Kriegsvorbereitung hätte nur durch eine entschiedene Umstrukturierung der Werksanlagen gelöst werden können; dazu hätte die Einführung technologischer Neuerungen und die Anwendung von Produktionskriterien gehört, die es möglich machten, Kriegsmaterial, Waffen und Fahrzeuge aus dem Boden zu stampfen, und das unter maximaler Ausnutzung der Kapazitäten von Anlagen und Arbeitern (ein übrigens gar nicht unbeträchtliches Potential: es gab allein 876 Nebenbetriebe, die der Generalkommissar für Kriegsrüstung koordinierte; dort arbeiteten 580000 Mann, die militärischer Disziplin unterstanden). Aber niemand dachte daran, die Fabrikanlagen im Hinblick auf den Krieg umzustellen. Während der Jahre unmittelbar vor dem Zweiten Weltkrieg verfolgte die Unternehmerschaft ganz andere Kriterien: Normalität der Produktion, Bezogenheit auf den «zivilen Markt», Garantie der Weiterführung laufender Produktionen: das waren ihre maßgebenden Richtlinien. Eine wahre Produktionseuphorie hatte die Industriellen dank der günstigen Bedingungen durch die Autarkie und den ins Haus stehenden Krieg ergriffen. In den seltenen Fällen, wo Orders bekannt wurden, bezahlte das Regime die Kollaboration der Unternehmer mit gesalzenen Preisen. Es war ein verlorener Vorschuß in Höhe von 15 Prozent für den Bau von Kanonen zu zahlen, deren erste Exemplare man nicht vor 1941 zu Gesicht bekommen würde. Nachdem Mussolini auf die Dauer von drei Jahren die Kraftfahrzeugsteuer für alle neuen Fahrzeuge erlassen hatte, um den Bau von «Einheitsfahrzeugen» auf der Grundlage von Kriterien zu erleichtern, die das Heer 1937 vorgeschlagen hatte, verpflichtete sich Fiat, für Militärzwecke geeignete Lkw und Jeeps zu bauen. Der Betrieb hatte im September 1939 eine monatliche Produktion von 5840 Pkw, Lkw und Lieferwagen für zivile Zwecke; im gleichen Monat wurden aber nur 50 Militärfahrzeuge und 350 Lkw für das Heer gebaut. In einem Monat wurden neun Panzer und Raupenfahrzeuge angefertigt. Aber es handelte sich nicht einmal um Sabotage. Der Fiatbegründer Giovanni Agnelli sen. und der Generalstab hatten durchaus übereinstimmende Ansichten. Dem General Favagrossa, der seit August 1939 die «Co.ge.fag.» (staatliche Koordination des Rüstungswesens) leitete, ging es vor allem darum, in jener – noch im wesentlichen «zivilen» – Phase die Kontinuität des Produktionsrhythmus zu gewährleisten. Und Mussolini selbst war immer bereit, *schädliche Unterbrechungen für die zivile Produktion zu vermeiden*. Er legte damit ein Zeugnis seiner absoluten Unfähigkeit ab, sich der Beeinflussung durch die Industriellen zu entziehen.[165]

Auch seine unmittelbare Einbeziehung in Probleme der militärischen Vorbereitung führte zu sehr bescheidenen Ergebnissen. Seine einzigartige Interpretation der Ereignisse von Guadalajara, mit der er jede Initiative unterband, die Hypothese vom «verlorenen Sieg» durch Tatsachen zu widerlegen, vereitelte eine wirksame Säuberungsaktion unter den unfähigen Generalen. An den lebhaften Polemiken der militärischen Kreise beteiligte Mussolini sich nicht selbst; er wurde aber durch Farinacci über die Entwicklung der Debatten auf dem laufenden gehalten. Die Hauptthemenkreise drehten sich um die Motorisation, eine schnelle Abwicklung des Krieges und die neuen «Zwei-Regimenter-Divisionen». Guadalajara wurde von allen als Ereignis gewertet, dessen Bedeutungsgehalt die eigentlich bewaffnete Episode übertraf: nun mußten sich die Euphorie nach dem Abessinien-Erfolg, der die «Blitzkriegtheorie» noch bestärkt hatte, und der «Spiritualismus» des Heeres auf einmal gezwungenermaßen mit der tragischen Realität der mangelnden Kriegsvorbereitungen auseinandersetzen, die Italien zur Niederlage im Zweiten Weltkrieg führen sollte. Der philo-nazistische Faschismus Farinaccis, der vor allem in

Faschismus und Industrie: Mussolini und Giovanni Agnelli (sen.)
bei der feierlichen Eröffnung der Werke «Fiat Mirafiori» im Mai 1939 in Turin

den Streitkräften die Hauptverbündeten für die Kampagne zur «dritten Welle» sah, attackierte Pariani und sein Projekt für die Neuordnung der Streitkräfte (unter Einführung der «Zwei-Regimenter-Division» als des neuen Divisionstyps für das Heer) und seine Rüstungskriterien auf das Erbittertste. Alberto Pariani gehörte dem «anständigen» Flügel des Faschismus und dem Ciano-Klan an. Er reagierte auf die Kritiken, indem er seine Gegner als Defaitisten bezeichnete. Besonders verärgert war er über die negative Beurteilung der Panzer, von denen das Ministerium gerade damals eine beachtliche Anzahl bestellt hatte. Obwohl diese Männer mit lebenswichtigen Fragen für das Regime konfrontiert wurden, ähnelten ihre Polemiken auch diesmal eher den üblichen internen Fehden zwischen einzelnen Machtgruppen und führten nicht zu spürbaren Verbesserungen der militärischen Ausrüstung, die dann ja auch ein Fiasko

111

wurde. Mussolini hatte, wie es seine Art war, zunächst auf eine Stellungnahme verzichtet und sich auf eine im allgemeinen positive Beurteilung der als «anregend» bezeichneten Debatten beschränkt.[166] Noch einmal war es der «Anschluß», der ihn zur Intervention nötigte. Er sprach am 30. März 1938 vor dem Senat, und dies war das zweite Mal – nach jener nun schon der Vergangenheit angehörigen Rede vom April 1925 –, daß er sich öffentlich mit den militärischen Bedingungen der Nation befaßte. Er machte einen seiner typischen Kompromißvorschläge: Farinacci, der bald Staatsminister werden würde, durfte nicht verärgert werden, zumal er die Rückendeckung der neuen deutschen Verbündeten besaß; andererseits waren Pariani und der Generalstab noch zu stark und hatten die Unterstützung der Krone. So äußerte er sich positiv zur Frage des «Blitzkriegs» und sehr vorsichtig zur Motorisierung, indem er sich hier auf die Seite der Rivalen Parianis schlug. Was das Problem der «Zwei-Regimenter-Division» betraf, bzw. der von Farinacci proponierten «Drei-Regimenter-Division», erfand er selbst die «Vier-Regimenter-Division», die praktisch auf Parianis «Zwei-Regimenter-Division» hinauslief, der er zwei Miliz-Bataillone zur Seite stellen wollte! Diese Doppelzüngigkeiten sollten schlimme Folgen haben, insbesondere im Zusammenhang mit der Formel der «alleinigen Befehlsgewalt»: . . . *Im faschistischen Italien ist das Problem der alleinigen Befehlsgewalt, das andere Länder beunruhigt, gelöst. Die Direktiven politisch-strategischer Natur für den Krieg gehen vom Regierungschef aus. Ihre Ausführung wird dem Generalstabschef und den abhängigen Organen anvertraut. Der Krieg wird, ebenso wie das in Afrika der Fall war, unter Befehl des Königs von einem einzigen gelenkt: nämlich von dem, der hier spricht.* Es war die Neuentdeckung des Geheimnisses der Dreifaltigkeit: eine alleinige Befehlsgewalt, unter drei Leute aufgeteilt![167] Die Distanz zwischen seinen hochtrabenden Plänen und seinen operativen Fähigkeiten erwies sich auf dem militärischen Sektor als noch schädlicher denn anderswo. Die schlimmen, falschen Prophezeiungen – *Nur im äußersten Wahnsinn könnte man auf die Vorstellung einer Invasion kommen; hier landet nie jemand, nicht mal ein einziger Soldat*[168], hatte er bei den «Großen Manövern» 1937 in Sizilien behauptet – und die dilettantische Begeisterung für den «römischen Paradeschritt» zeugten von seiner eklatanten militärischen Ahnungslosigkeit, die ihm schließlich zum Verhängnis werden sollte. «Er kümmert sich persönlich um jedes noch so kleine Detail. Manchmal steht er eine geschlagene halbe Stunde am Fenster seines Arbeitszimmers, von den blauen Vorhängen verborgen, um die Bewegungen der Truppenteile zu beäugen. Er war es, der wollte, daß Trommeln und Trompeten stets zusammenspielen . . . Er glaubt immer mehr, daß bei den Streitkräften die Form auch die Substanz bestimmt»[169], schrieb Galeazzo Ciano im Februar 1939 in sein Tagebuch.

Und doch veranlaßte Mussolinis Rede vor dem Senat Costanzo Ciano, den Vater von Galeazzo, einen Gesetzesentwurf vorzulegen, der aus nur zwei Artikeln bestand: «Es wird der Rang eines Marschalls des Imperiums geschaffen. Dieser Rang wird Seiner Majestät, dem Kaiser, und

Benito Mussolini, dem Duce der Faschisten, verliehen.» Das Gesetz wurde durch Zuruf angenommen. Der König tolerierte es; zwar protestierte er zunächst, aber dann akzeptierte er die gegen das «Statut» verstoßende Gleichstellung.

Was in München geschah, ist kolossal . . .: das Ende des Bolschewismus in Europa, das Ende des Kommunismus in Europa, das Ende allen politischen Einflusses in Europa von Rußlands Seite.[170] Mussolinis Vermittlerrolle – zur Lösung der tschechischen Krise im September 1938 – auf der Münchner Konferenz wurde sein letzter wichtiger außenpolitischer Erfolg. Die Briten hatten sich an ihn gewandt, um ein Vierertreffen zwischen Frankreich, England, Deutschland und Italien zu organisieren. England hatte schließlich, gemeinsam mit Frankreich, die italienische Annexion Äthiopiens anerkannt. Die öffentliche Meinung in Italien feierte Mussolini daraufhin als «Verteidiger des Friedens» und bereitete ihm Triumphe, die seinen militärischen «Tugenden» nie zuteil wurden. In München stellte sich aber auch heraus, daß die westlichen Demokratien unfähig waren, sich den Ansprüchen Hitlers entgegenzustemmen. Das gesamte europäische diplomatische Gleichgewicht war aus den Fugen geraten, und so steuerte man unausweichbar auf den Krieg zu.

Die Achse (Zeichnung auf der Vorderseite der «Unità», offizielles Parteiorgan der KPI, 1938)

Mussolini motivierte die endgültige Festigung seiner nazifreundlichen Sympathien mit der französischen und englischen Nachgiebigkeit. Die wütende antifranzösische Hetzkampagne, die er Ende 1938 entfesseln ließ, ging der Zustimmung zu dem Militärbündnis zwischen Italien und Deutschland, das Ribbentrop seit dem 28. Oktober befürwortete, nur um weniges voraus. Der Druck, den die Deutschen ausübten, damit der «Stahlpakt» einen raschen Abschluß fände, war ausschließlich von politischen und ideologischen Gesichtspunkten diktiert. Die nationalsozialistischen Offiziere hegten in der Tat tiefes Mißtrauen gegen die Effizienz der faschistischen Streitkräfte. Negativ war auch der Rapport von Blombergs, der im Juni 1937 Infanteriemanövern auf dem Apenin und Aktionen von Luftwaffe und Marine beigewohnt hatte, und niederschmetternd war das Urteil Halders gewesen, nachdem er 1939 die wenigen Exemplare der M 11, der italienischen Panzer, bei den August-Manövern im Tal des Po gesehen hatte. Dann war es die italienische Besetzung von Albanien, die die Deutschen veranlaßte, das Militärbündnis zu forcieren. Es ging um den Versuch, Italien auch auf militärischem Bereich festzulegen, um jede autonome Initiative zu unterbinden, die eine in all ihren Phasen minuziös ausgearbeitete Kriegsvorbereitung der Deutschen platzen lassen konnte. Die Ereignisse in Albanien waren ausschlaggebend gewesen, um – im Verein mit den USA – die antifaschistische Koalition wiederaufleben zu lassen, die Hitler durch die Intrigen seiner Diplomatie zu sabotieren versuchte. Der «Stahlpakt» wurde am 22. Mai 1939 unterzeichnet. Am 15. März hatten die Deutschen Böhmen und Mähren besetzt, am 12. April wurde «in der Person des Vittorio Emanuele III.» die Union der Königreiche Italien und Albanien proklamiert. Diese Daten hingen eng miteinander zusammen. Mussolini war von der Hitlerschen Initiative überrascht worden (Ciano notierte am 13. März in seinem Tagebuch: «. . . er beabsichtigt nicht, der tschechischen Krise besonderes Interesse beizumessen»). Als der Prinz von Hessen am 15. März erschien, um ihm die «vollendete Tatsache» mitzuteilen, verbot er, daß der Presse Nachrichten von diesem Ereignis zugeleitet würden: . . . *die Italiener würden sich über mich lustig machen. Jedesmal, wenn Hitler einen Staat einnimmt, schickt er mir eine Botschaft.* Ciano, ein sehr aufmerksamer Beobachter jener entscheidenden Ereignisse, bezeichnete Mussolini als «zutiefst erschüttert», «in Gedanken versunken und deprimiert». In diesem Klima von frustrierter Besorgnis wegen der unwahrscheinlichen Stärke des Verbündeten wurde das Albanien-Projekt reif, das man seit Februar vorbereitete. Albanien war eigentlich schon durch die Intrigen Cianos erobert und wurde nun zur bequemen, Zielscheibe; so gelang es noch einmal, die öffentliche Meinung irrezuführen, in der Ratlosigkeit und Verwunderung über das ungleiche Kräfteverhältnis unter den Achsenpartnern herrschte. Am 23. März ermächtigte Mussolini die Expedition, am 7. April landeten die italienischen Truppen in Durazzo und am 12. April war der «Krieg» zu Ende. Das geschah zur gleichen Zeit, als in Spanien Franco den definitiven Sieg davontrug und Hitler Keitel befahl, den Polen-Feldzug für den 1. September vorzubereiten.

Mussolini merkte nicht, daß die Ereignisse kurz vor dem Umkippen standen. Obwohl er seit langem von der Unvermeidlichkeit eines Weltkonflikts überzeugt war und sich gleichzeitig hinter seiner deutschfreundlichen Loyalität verschanzte, hoffte er doch noch immer, daß die Abrechnung aufgeschoben werden konnte, da sein Regime zur Zeit ganz einfach unvorbereitet war. Am Abend der Unterzeichnung des Stahlpakts betonte er in einer beifällig aufgenommenen Rede in Turin den «pazifistischen» Anstrich des Bündnisses und schloß aus, daß es in Europa *Fragen von solcher Reichweite und Zuspitzung* gäbe, *daß sie einen Krieg rechtfertigen könnten.* Ein Memorandum, das er bei den Gesprächen zwischen Ciano und Ribbentrop im Mai 1939 vorlegen ließ, hob hervor, daß *nur ein ab 1943 begonnener Krieg größte Aussichten auf Sieg haben könnte* und faßte die Phasen der italienischen Kriegsvorbereitung in acht Punkten zusammen. Sie gingen von der für 1942 vorgesehenen Weltausstellung in Rom (die wertvolle Devisen hereinbringen sollte) bis zu einer völligen Erneuerung des Artillerieparks. Mussolini war erbittert über sein Unvermögen, die Initiativen Hitlers einer Kontrolle zu unterziehen. Aus Berlin berichtete der italienische Botschafter Attolico über bedrohliche Kriegsvorbereitungen, und dabei war man über die deutschen Verhandlungen mit der Sowjet-Union völlig uninformiert. Schließlich war Ciano gezwungen, nach Deutschland zu gehen, um direkte Informationen zu bekommen und Hitler nahezulegen, man solle noch mindestens drei Jahre warten . . . und die Zwischenzeit mit der Einberufung einer internationalen Konferenz zubringen. Ciano traf am 11., 12. und 13. August in Salzburg und Berchtesgaden mit Hitler und Ribbentrop zusammen, kurz vor dem Ausbruch der Danzig-Krise. Diesmal mußten die Faschisten ihre Hoffnungen auf Gewährung eines Aufschubs endgültig begraben: Ende August würde Deutschland Polen angreifen. Hitler gab den Italienern den Rat, sich an Jugoslawien schadlos zu halten.

Mussolinis Reaktionen waren – laut Ciano – widersprüchlicher Art. Er legte sich zwei Möglichkeiten zurecht: a) wenn die Demokratien angriffen, sich «ehrenvoll» von den Deutschen abzusetzen; b) wenn die Demokratien einkassierten, die Gelegenheit wahrzunehmen, «um die Rechnung mit Belgrad ein für allemal zu begleichen» (15. August). «. . . Er hält es immer noch für möglich, daß die Demokratien nicht marschieren und Deutschland billig zu einem glänzenden Geschäft kommen würde, von dem er sich nicht ausschließen möchte. Außerdem fürchtet er Hitlers Zorn. Er meint, daß eine Aufkündigung des Paktes oder etwas Derartiges Hitler dazu bringen könnte, seine Polen-Pläne zurückzustellen, um die Rechnung mit Italien zu bereinigen» (18. August). Es war eine Mischung aus Zynismus und Angst. Die Gespenster seiner interventionistischen Vergangenheit taten sich mit einem Opportunismus der letzten Stunde zusammen. Im Bewußtsein der mangelhaften militärischen Vorbereitung Italiens und ohne eine gültige Alternative zu Hitlers Projekt, sah Mussolini sich gezwungen, sein Schäfchen im Schatten der deutschen Alternative ins trockene zu bringen und fühlte sich entsprechend gedemütigt. Die Entscheidung, daß Italien sich nicht am Konflikt beteiligen werde, wurde dem deutschen Verbündeten am 26. August mitgeteilt und «für den Duce war das ein harter Schlag», kommentierte Ciano. Nach langen Jahren sah Mussolini sich zum erstenmal an den Rand entscheidender Ereignisse gedrängt.

Die «non belligerenza» (Italien erklärte sich als nicht kriegführend) begann; ein tiefes Trauma nach der jahrelangen wütenden Kriegspropaganda. Die Faschisten versuchten sich abzureagieren, indem sie Abscheu über die Unredlichkeit der Nazis zur Schau stellten, die einen Pakt eingegangen waren, ohne den Partner über die schon feststehenden Kriegspläne zu informieren. Als die antideutsche Hysterie im November ihren Höhepunkt erreicht hatte, brachte eine Regierungsumbildung die wichtigsten Exponenten der Ciano-Gruppe in die Vorderlinie; sie gehörten zu den eifrigsten Vertretern der Neutralität. Eine Kammerrede des Außenministers über den Stahlpakt wurde sogar als Präludium zu einem aufsehenerregenden Bruch interpretiert. Auf Cianos Seite, der selbst finanziell an den Terni-Werken beteiligt war, standen die Monopolgruppen der Eisen- und Stahl- und metallverarbeitenden Industrie, eine «Partei der Geschäftemacher», die – solange konkurrenzfähige Wettbewerbsmöglichkeiten mit Deutschland gegeben waren und die offenen Märkte der Alliierten zu ihrer Verfügung standen, man also deutsche Kohle und amerikanische Werkzeugmaschinen haben konnte – nur ein einziges Ziel verfolgten, das Ciano so sah: «Die Neutralität beginnt, konkrete Früchte zu tragen. Die Börsenkurse steigen ‹in den Himmel›. Die ersten Aufträge gehen aus Frankreich ein. Die Dampfschiffe befahren wieder die Meere, mit verdoppelten Fahrpreisen und randvoll.»[171] Aber die Nichteinmischung konnte kein Dauerzustand für den Faschismus bleiben. Die politischen und wirtschaftlichen Weichen waren auf Krieg gestellt. Während dieser kurzen Zwischenphase, die übrigens nicht ganz so lange anhielt wie Italiens Neutralität im Ersten Weltkrieg, hatte keine Alternative zum Regime genügend Zeit, zu reifen. Niemals wurde ein wirkliches Konzept für eine andere Bündnispolitik entwickelt. So wie Ciano das Problem stellte, lautete es nie «Krieg – mit wem?», sondern stets «Krieg – wann?». Wer aber den italienischen Kriegseintritt zur bloßen Frage der Datumswahl machte, machte sich einer subalternen Haltung schuldig.

In diesen entscheidenden Stunden büßte der Faschismus für das Fehlen einer Führungsschicht, die Mussolini und seine deutschfreundlichen Loyalitätsbekundungen hätte ausschalten können. Die restlichen Ambiguitäten, die es noch in Mussolinis Verhältnis zu Hitler gab, waren nur eine Folge von Enttäuschungen, die seine grenzenlose Eigenliebe hatte hinnehmen müssen. Im übrigen verfolgte er die Linie seiner Deutschland-Treue mit einer Hartnäckigkeit, derer seine italienischen Antagonisten gar nicht fähig waren. Hitler hatte schon längst Mussolinis blindes Vertrauen erobern können; es beruhte auf zwei wesentlichen Elementen: der Logik der Stärke und der Dynamik der Aktion. Im Dezember 1939 holte Mussolini seine Daten-Kunststücke wieder hervor; er wollte jetzt an Hitler schreiben und ihm eine italienische Intervention für 1942 in Aussicht stellen. Im Januar begann er, von der zweiten Hälfte 1941 zu sprechen und auf der Sitzung des Ministerrats am 23. Januar wagte er sich in *das zweite Halbjahr 1940 oder besser das erste Halbjahr 1941* vor, unter Hinweis darauf, daß *eine bis zum Kriegsende beibehaltene Neutralität uns in die Liste der zweitklassigen europäischen Mächte einreihen würde*[172]. Im März entschied er sich schließlich in rasendem Zorn gegen das Volk, das seinen Kriegsgelüsten nicht nachkam (... *Die italienische Rasse ist eine Rasse von Schafen*) und auf Grund persönlicher Frustrationen (*bald werden die Kanonen von selbst schießen. Es ist doch nicht möglich, daß ich, ausgerechnet ich, zum Gespött von ganz Europa werden soll. Ich muß ja nur Demütigungen einstecken*[173]) zur Intervention, nachdem er sich am 18. März mit Hitler getroffen hatte. Am 23. begann er persönlich mit der Niederschrift der strategischen Pläne, die in einem Memorandum zusammengefaßt wurden, das den führenden Militärs am 31. März ausgehändigt wurde: Defensive an den französischen Alpen; mißtrauische Haltung gegenüber Jugoslawien; Abwarten in Albanien; Defensive im ägäischen Raum und in Libyen; Offensive an der Front von Cassala und Dschibuti und Defensive an der Kenia-Front. Für die Marine war ein «Angriffskrieg auf allen Meeren» vorgesehen, für die Luftwaffe «Kooperation» mit den anderen Streitkräften. Das Problem war also, in den Krieg einzutreten und die Verantwortung für den Beginn der Kampfhandlungen zu tragen ... und gleichzeitig auf der ganzen Linie in der Defensive zu bleiben!

Diese strategische Anlage war ein getreuer Spiegel der Ziele und Hoffnungen, mit denen sich der Faschismus auf den Krieg vorbereitete. Die englische Blockade der Kohlenschiffe, die Verbreitung von Nachrichten im März, daß in den USA Requisitionen von – für Italien bestimmten – Rohstoffen und Werkzeugmaschinen bevorstünden, hatten allen Wettbewerbsillusionen der italienischen Industriellen ein Ende gesetzt. Die Notwendigkeit der Komplementarität zwischen der deutschen und italienischen Wirtschaft war vollendete Tatsache geworden. Deutschland sicherte allein 60 Prozent der Brennkohle für die italienischen Fabriken. Da die deutsche Überlegenheit außer Diskussion stand, mußte Italien sich vor allen Dingen einen wirtschaftlichen Expansionsraum suchen, der – wenn auch in Ländern mit geringeren Volkseinkommen gelegen – durch Erschließung von Rohstoffquellen eine gewisse Marktautonomie und Unabhängigkeit der Produktionsziele absicherte. Außerdem war es wichtig, den Verbündeten aus der Nähe auf seinen Kriegsschauplätzen im Auge zu behalten, damit die Deutschen ihre militärischen Siege nicht allein verwalteten und die politisch-ökonomischen Unterschiede zwischen beiden Ländern nicht noch größer wurden.

Diese Konzepte traten in den militärischen Initiativen der Italiener während der ersten Kriegsmonate deutlich hervor. Auf der einen Seite führte man den «parallelen Krieg»; das bedeutete, man verzichtete a priori auf eine organische Abstimmung der italienischen Schritte auf die strategischen Schachzüge des Verbündeten, um an Nebenfronten (Griechenland) eigene Ziele und Zwecke zu verfolgen. Auf der anderen Seite war die italienische Beteiligung an den Auseinandersetzungen mit Frankreich und England recht begrenzt und abwartend, gerade eben ausrei-

Mussolini und Hitler in Florenz am 20. Oktober 1940
(aus «L'Illustrazione Italiana» vom 8. Juni 1941)

chend, um die berühmte «Handvoll Tote» vorweisen zu können, die auf
den späteren Verhandlungstisch eingebracht werden konnten (ein Angriff auf Frankreich im Juni und die bescheidene Cyrenaika-Offensive im
September). Beide Kriegsarten waren wegen des absoluten Mangels an
militärischer Vorbereitung undurchführbar, aber dieser wichtige Ein-
wand wurde durch das grenzenlose Vertrauen auf eine rasche Lösung des
Konflikts entkräftet, das durch den Fall Norwegens und Dänemarks,
durch die lawinenartige Offensive in Belgien und Holland und den deutschen Angriff auf Frankreich noch Nahrung bekam.[174]

Die Blitzkrieg-Prognose wurde durch den unerwarteten Widerstand der
Engländer zunichte. Mussolini glaubte tatsächlich, daß bis spätestens
September/Oktober 1940 alles zu Ende sein würde; das geht schon
daraus hervor, daß er die Demobilisierung von 600 000 Mann für den
Ernteeinsatz im Herbst anordnete, was katastrophale Auswirkungen auf
seinen gleichzeitigen Entschluß, Griechenland anzugreifen, haben mußte. Um die Zeiten zu straffen, übernahm er selbst die gesamte Verantwortung für die militärischen Ereignisse. Die «alleinige Befehlsgewalt» war
unklar und führte zu Mißverständnissen und Widersprüchen. Ohne eine

strenge Abgrenzung ihrer Aufgabenkreise und Spezialgebiete begannen vor allem Mussolini und Badoglio sich gegenseitig zu behindern, bis es zu jenem Zusammenstoß kam, der im Dezember 1940 zur Demission des alten piemontesischen Generals führte. Als Mussolini sich eine Rolle von so absoluter Bedeutung für die Kriegführung wählte, setzte er auch die Voraussetzungen dafür, daß er letzthin für Irrtümer zu zahlen haben würde, die nicht unmittelbar seine eigenen waren. So hatte er denn am 25. Juli 1943 keinerlei Möglichkeit, die Schuld für die militärische Niederlage auf andere abwälzen zu können. Bezeichnend war sein Versuch – der einzige übrigens –, das Mißtrauensvotum des Großen Faschistischen Rats dadurch zum Scheitern zu bringen, daß er dem König die «alleinige Befehlsgewalt» zurückdelegierte. Aber es war schon zu spät.

Mussolini selbst befahl – gegen den Rat von Badoglio – den Angriff auf Frankreich, und so kam es zu dem unrühmlichen «Drei-Tage-Krieg» vom 21. bis 24. Juni gegen ein Land, das praktisch schon besiegt war. Er war es auch, der gegen den Widerspruch von General Graziani den nutzlosen italienischen Vormarsch in ägyptisches Gebiet bis nach Sidi-el-Barrani anordnete (14.–18. September). Auf diese Weise versuchte er, Hitler und seinen Siegen nachzukommen und sich eine Machtposition zu schaffen, von der aus er die Invasion Englands und die unvermeidlichen Friedensverhandlungen abwarten konnte. Er ließ sich also ausschließlich von politischen Gesichtspunkten leiten. Und doch machten ihn diese ersten und vergänglichen Erfolge glauben, er könnte mühelos auf die Mitarbeit der leitenden Militärs verzichten, die sich als so unsicher und zögernd erwiesen hatten. Fast schien er euphorisch, selbst nach dem gescheiterten deutschen Landungsversuch in England, denn so zeichnete sich ihm die Möglichkeit ab, endlich einmal der einzige «Sieger» der Achse zu sein. Im Gegensatz zu Badoglio begriff er nicht sofort, daß in jenen Tagen die Hoffnung auf einen Krieg von kurzer Dauer begraben war, die einzige Hoffnung, auf die Italien bauen konnte, um das Feld mit Würde zu behaupten. Bei der Begegnung mit Hitler am 4. Oktober lehnte er dessen Angebot, ihm eine deutsche Panzerdivision zu schicken, ab und befahl Graziani gleichzeitig, die Offensive am 15. Oktober wiederaufzurollen und einen ganz italienischen Sieg anzustreben. An die Stelle der Euphorie trat dann die übliche zornige Depression, als die Nationalsozialisten am 12. Oktober Rumänien besetzten und sich der Erdölquellen von immenser Wichtigkeit eroberten. Seine Reaktion folgte auf dem Fuße: ab Dezember 1939 lagen die Griechenland-Pläne bereit; am 14. Dezember berief er Badoglio und General Roatta zu sich, ihre Zustimmung zu diesem Unterfangen einfach voraussetzend – . . . *ich will kein Italiener mehr sein, wenn jemand Schwierigkeiten darin sieht, mit den Griechen zu kämpfen*[175], hatte er zwei Tage zuvor gegenüber Ciano geäußert –, um ihnen den Angriffsbefehl auf dem Balkan für den 26. Oktober 1940 zu erteilen. Es folgten die üblichen Manöver der militärischen Führer, um die Operation hinauszuzögern; aber der Krieg begann am 28. Oktober und artete gleich zu einer Katastrophe aus. Die italienischen Truppen kamen nicht voran und hielten nur mühevoll der griechischen Gegenoffensive stand. Der Mangel an Waffen, Lebensmitteln und Ausrüstung machte sich bei den harten Wintergefechten in den Bergen an der griechisch/albanischen Grenze auf dramatische Weise bemerkbar.

Nach dem Griechenland-Feldzug konnte man die Hypothese vom «parallelen Krieg» als gescheitert betrachten. Jede militärische Alternative, oder doch jeder militärische Plan, der von den strategischen Projekten der Deutschen losgelöst war, mußte jetzt entschieden als anachronistisch gelten. Hitler konnte sich nicht länger den Luxus leisten, die Husarenstücke seines unbequemen Verbündeten zu dulden und zu reparieren. Die Perspektive eines langen, aufreibenden Krieges machte die definitive Abhängigkeit des italienischen Heeres vom Militärapparat der Nationalsozialisten notwendig. Von jetzt ab würde der italienische Krieg nur noch ein Krieg für die Deutschen sein. Die Demission Badoglios, die am 4. Dezember akzeptiert wurde, machten diese Realität noch deutlicher. An seine Stelle trat Cavallero, der den Deutschen genehm und bereit war, diese rein technische, operative Rolle zu übernehmen, die Mussolini eigentlich Badoglio zugedacht hatte.

Auf die militärischen Niederlagen auf dem Balkan und in Afrika im Winter 1940/41 versuchte das Regime durch spektakuläre Säuberungsaktionen und eine neue Welle «ideologischer Mobilmachung» zu regieren. Dem Amtswechsel zwischen Badoglio und Cavallero war am 25. November an der Parteispitze ein weiterer Rollentausch zwischen Ettore Muti und Adelchi Serena vorangegangen. Ein imposanter Propagandaapparat ließ die Anwesenheit der meisten Minister an der Front ausschlachten. *Auch ich habe meine schwarze Woche gehabt, aber jetzt ist das Schlimmste überstanden*, schrieb Mussolini am 22. November in einem peinlichen Selbstverteidigungsbrief an Hitler. Er unterbrach ein langes Schweigen, als er am 23. Februar in Rom sprach. Seine Rede sollte einen Glaubensakt für den Sieg darstellen: – . . . *um die Achse zu besiegen, müßten die britischen Heere auf dem Kontinent landen, in Deutschland und Italien einfallen, die Heere beider Länder besiegen, und davon kann kein Engländer auch nur träumen, so verrückt und außer sich er auch durch den Genuß von Alkohol und Rauschgift sein mag*[176] –, erwies sich aber wieder einmal als schlimme Prophezeiung. Der Propagandatätigkeit versuchte Mussolini verstärkte militärische Initiativen folgen zu lassen. Vom 2. bis 20. März 1941 begab er sich nach Albanien, wo er aber dem Scheitern der italienischen Gegenoffensive zusehen mußte. Seine Zwangsvorstellungen waren stets die Siege Hitlers (. . . *bevor die Deutschen den ersten Kanonenschuß tun, müssen wir den Griechen eine Niederlage beigebracht haben*), denn er wollte immer noch nicht glauben, daß der «parallele Krieg» keine Aussichten mehr hatte. Aber in Athen kamen die Nazi-Truppen eher an, und das militärische Prestige der Italiener hatte alle Glaubwürdigkeit verloren.

Die italienischen Truppen besetzten noch einmal schon besiegte Länder und wurden überwiegend mit Polizeiaufgaben betraut. Auch bei der Bewährungsprobe, eine bisher nicht dagewesene Organisation imperialistischer Herrschaft in industrialisierten und «zivilen», wenn auch nicht

Mussolini gibt die Kriegserklärung an Frankreich und England bekannt

reichen Ländern aufzuziehen, erlitt Mussolini Schiffbruch. Die Regierungsmethoden des italienischen Besatzungsregimes auf dem Balkan waren traditionell und erbarmungslos, ohne Zugeständnisse an die revolutionäre «neue Ordnung», die die faschistische Propaganda versprach. Man bevorzugte die reaktionärsten sozialen und politischen Sektoren (Weiße Garde in Slowenien, Ustascha in Kroatien), und so folgte auf Korruption und Intrigen der lokalen bürgerlichen Schichten eine harte Repressionspolitik gegen die Widerstandsbewegungen.[177]

Die Partisanen in Griechenland und Jugoslawien begruben Mussolinis Illusionen über seine europäische Führungsrolle, und Hitlers Angriff auf Rußland beraubte ihn eines weiteren Privilegs, auf das er großen Wert legte: als Verfechter eines «antibolschewistischen Kreuzzugs» zu gelten. Er unterschätzte die Risiken, denen er durch Hitlers Entscheidungen ausgesetzt worden war, als dieser ihn praktisch allein im Mittelmeerraum gelassen hatte, um Front gegen die Engländer zu machen; also entschied er in eigener Person über die Qualität und Quantität einer italienischen Rußland-Intervention. Das erste italienische Truppenkontingent, CSIR (Corpo spedizione italiano Russia), wurde 1942 erweitert: . . . *Ich muß an der Seite des Führers in Rußland sein, so wie der Führer an meiner Seite gegen die Griechen war und es jetzt in Afrika ist. Am Tisch der Friedensverhandlungen werden die 200 000 Mann der ARMIR* (Armata italiana Russia) *wesentlich schwerer wiegen als die 60 000 der CSIR.*[178] Er hatte immer noch die Zwangsvorstellung, Tote auf dem Tisch der Friedensverhandlungen vorweisen zu müssen. Noch immer hoffte er auf ein baldiges Kriegsende, insbesondere wegen der Entwicklung der Ereignisse im Afrika-Feldzug. Im Sommer 1942, als Rommels Gegenoffensive kurz vor der Eroberung Ägyptens zu stehen und das ganze britische Verteidigungssystem am Suezkanal zusammenzubrechen schien, flog Mussolini nach Afrika, mit dem «Schwert des Islam» angetan, das ihm libysche Großgrundbesitzer geschenkt hatten. Er war bereit zu einem spektakulären und triumphalen Einzug in Alexandria (Ägypten). Aber am 21. Juli kehrte er enttäuscht nach Italien zurück. Der Schwung der Achsentruppen war endgültig bei El-Alamein zum Stillstand gekommen.

Vielleicht begriff er da zum erstenmal, daß der Krieg verloren war und sein Regime kurz vor dem Zusammenbruch stand. «. . . Das aschfahle Antlitz, die eingefallenen Wangen, der trübe und müde Blick, der bitter verzogene Mund sprechen deutlich von der Krankheit [Magengeschwüre], die ihn, wie es hieß, wieder befallen hatte. Der Mann erscheint eher niedergeschlagen und traurig als krank, nicht mehr im siegreichen Kampf gegen sein Alter . . . Er hat in sich den Mann getötet, der er einmal war»[179]; diese Mussolini-Beschreibung von Giuseppe Bottai zeigt eindrucksvoll den körperlichen Verfall. Ende Juli fuhr Mussolini von Rom aus nach Riccione, wo er bis Mitte Oktober in Behandlung blieb. Etwas in ihm war kaputtgegangen. Lange Zeit hatte er in totaler, physischer Identifikation mit der Macht gelebt, und nun erfuhr er die Krise seines Regimes wie eine Krankheit am eigenen Organismus, den er selbst immer eine «Machtmaschine» genannt hatte. Und mit seinem Organismus brach auch die «innere Front» zusammen.

Vergeblich hatte Mussolini zwischen 1940 und 1942 versucht, der Partei dadurch neues Leben einzuflößen, daß er auf dem Posten des Parteisekretärs zunächst Starace, dann Ettore Muti und schließlich Adelchi Serena abwechseln ließ: ein ungewöhnliches «Ballett der Parteisekretäre», das die Unfähigkeit des Regimes, die seit zwanzig Jahren ungelöste Nachwuchsfrage der Führungsspitzen zu bewältigen, deutlich zeigte. Die faschistische Partei war eine bürokratisch-ministerielle «Baracke» geworden, deren Aufgabenbereich vorwiegend in der Lebensmittelbeschaffung für die Bevölkerung lag. Im Dezember wurde Vidussoni Parteisekretär, ein junger, achtundzwanzigjähriger Mann, völlig unerfahren, aber dem Duce treu ergeben; auch seine Erfolge waren recht dürftig. Am Ende einer Inspektionsreise des Duce durch die Hauptprovinzen Italiens, auf der er versucht hatte, das Squadristenwesen wieder auferstehen zu lassen, das er selbst vor zwanzig Jahren liquidiert hatte, mußte er im Mai 1942 vor dem Partei-Direktorium eingestehen: *... Ich habe keine Zweifel mehr am Vorliegen von Disziplinlosigkeit, Sabotage und passiver Resistenz auf der ganzen Linie. Das Regime erschöpft sich, es reibt sich auf, verschleißt buchstäblich Dutzende von Kameraden in den Verbänden, in den Ministerien, aber wir kommen nicht weiter.*[180] Doch das Schlimmste sollte noch kommen. Entscheidend wurden die Monate November und Dezember 1942, die eine Wende im Weltkonflikt brachten.

In El-Alamein und Stalingrad erlitten die Achsenpartner die militärische Niederlage; jetzt schickten sie sich an, den endgültigen politischen Mißerfolg entgegenzunehmen. Eine Glaubwürdigkeitskrise hatte das gesamte Regime erfaßt und verstärkte die Distanzierung vom Faschismus, die durch das Fiasko des Krieges besiegelt wurde. Aber die Ursachen dieser Tendenzen lagen in den materiellen Bedingungen der Massen, in den enormen Unannehmlichkeiten, die der Krieg durch progressive Verelendung der ausgebeutetsten Klassen mit sich brachte. Im Verhältnis zum letzten Friedensjahr lagen die Lebenskosten mehr als doppelt so hoch, und die Löhne waren in den zwanzig Jahren Faschismus auf ihren Tiefpunkt gesunken. Auch für die Industriellen kam die Zeit des Nachdenkens und der Rechnungslegung. In diesen Monaten wurde Turin zum Ziel schwerer Bombenangriffe, und die Politik an der Fiat-Spitze erfuhr eine jähe Wende. Auch die Namen Pirelli, Donegani und Cini tauchten im Zug dieser ersten bürgerlichen Abschwenkmanöver vom Faschismus auf. Es gab allerdings noch keine eindeutige, klare Linie in dieser Richtung. Die Kriegsaufträge und staatlichen Stützungsmaßnahmen zugunsten der Industrie stellten sich einem entschiedenen Bruch zwischen italienischem Bürgertum und Regime hindernd entgegen. Aber die allgemeine Tendenz ging doch dahin, daß man eine baldige Beendigung des Konflikts begrüßte, der inzwischen bereits die Produktionsmittel, die Industrieanlagen und -werke in Mitleidenschaft zog.

Zwei tragende Pfeiler des Faschismus stürzten ein: seine Stärke, die durch die Niederlagen diskreditiert war, und Mussolini selbst, der auch den eigenen Parteigenossen entrückt war und als unerfahrener Stegreif-Feldherr gar keine gute Figur abgab. Hinter seinem Rücken gerieten bereits jene Machtzentren (die Nationalsozialisten und die Dynastie) in Bewegung, die jahrelang seine Entscheidungen maßgeblich beeinflußt hatten. Am 11. Oktober traf Himmler in Rom ein, etwas später Göring. Die Deutschen wollten jetzt versuchen, den Keim für eine zuverlässige Führungsgruppe zu legen, die Mussolini ablösen könnte oder doch wenigstens den Weg für gegnerische Initiativen blockierte. Gleichzeitig begann in diesen Monaten ein kompliziertes Ränkespiel zwischen dem Königshaus, den leitenden Männern der Polizei, des Heeres und der Carabinieri, und selbst Exponenten der faschistischen Regierung, die dem König Vittorio Emanuele III. eine Interventionsmöglichkeit eröffnen wollten, um eine rasche Lösung des ungleichen Krieges herbeizuführen. Das war die Verschwörung zwischen der Monarchie und Badoglio, die zum Staatsstreich vom 25. Juli führen sollte und am 31. Januar 1943 bereits einen bezeichnenden Sieg davontrug, als nämlich der deutschenfreundliche Cavallero durch den zuverlässigen General Ambrosio ersetzt wurde.

Mussolini war vielleicht über die verschiedenen Komplotte unterrichtet und möglicherweise auch über die vorsichtigen Sondierungen bei den Alliierten, wie Italien am besten aus dem Krieg herauskommen könnte; solche Schritte wurden seit Dezember 1942 von verschiedenen Exponenten der italienischen Diplomatie versucht. Sicher kannte er keine Details und unterschätzte auch die Tragweite der Versuche völlig. Seit zwanzig Jahren war er gewohnt, seine Mitarbeiter zu verachten, und hatte von vornherein jede mögliche Kandidatur eines Nachfolgers im Innern des Regimes sabotiert. Er wußte also, daß er von Grandi, Ciano, Bottai und Konsorten nichts zu befürchten hatte, die alle nur mit Unterstützung der Krone gefährlich werden konnten. Aber dem König vertraute Mussolini noch, unfähig, zu begreifen, wie stark der kleine Monarch an seinem Thron hing. Und dann war es gerade das Fehlen eines tüchtigen politischen «Ersatz»-Personals, das sich gegen ihn auswirkte.

Zunächst hatte er nämlich versucht, der Krise des Winters 1942 allein Herr zu werden. Am 21. November fand er vor dem Ministerrat Töne früherer Sicherheit, als er die Intrigen mit den Alliierten dreist abtat: *. . . Keine Regierung, von welcher Farbe sie auch immer sei, könnte unsere Situation gegenüber der englischen und amerikanischen Regierung ändern* – und eine Sprache verhüllter Erpressung gegen den nazifreundlichen Flügel des Faschismus führte: . . . *Schließlich liegt es im Interesse Deutschlands, daß Italien auf den Beinen bleibt, denn wenn wir fallen würden, müßten auch die Deutschen die Waffen niederlegen.*[181]

Am 2. Dezember richtete er vor der Kammer heftige Anklagen gegen die Engländer und hielt danach vor dem Partei-Direktorium eine Rede, die ausschließlich den deutschen «Geheimwaffen» gewidmet war. Bei der traditionellen Rede zum 3. Januar unterstrich er die ideologischen Aspekte des Krieges – *dies ist ein Religionskrieg, ein Ideenkrieg!*[182] –, um die öffentliche Meinung von den dramatischen konkreten Tatsachen der Gebietsverluste abzulenken. Dann leitete er eine generelle *Wachablösung* ein: am 19. Dezember erneuerte er das ganze Partei-Direktorium, setzte Ambrosio an die Stelle von Cavallero und liquidierte am 5. Februar Ciano, Bottai, Grandi und fast alle Minister. Er benutzte die übliche Methode. Der Transportminister Gorla erfuhr zum Beispiel von seiner Demission dadurch, daß die Eisenbahner seinen Ministerwagen vom Zug abhängten, nachdem sie die Nachricht im Radio gehört hatten. Er wußte nicht, daß auf dem Schreibtisch seines römischen Büros bereits ein lakonisches Telegramm mit dem Inhalt lag: *Ich habe beschlossen, das Kabinett umzubesetzen. Ihr wollt gütigst Euer Amt zu meiner Verfügung stellen. Mussolini.* Der Duce hatte aber keinen normalen Amtswechsel im Auge. Indem er eine Regierung abschob, die für die «non belligerenza» geschaffen worden war, unterstrich er die neuerliche Kriegsbereitschaft des

Regimes und bemühte sich, der öffentlichen Meinung den Eindruck eines radikalen Umschwungs bei Männern und Ideen zu vermitteln, während er den Deutschen mit der extremistischen Linie der neuen Regierung schmeichelte. Was die Qualität seiner einzelnen Mitglieder betrifft, war das neue Kabinett aber schäbiger als das alte. Mussolini sah sich gezwungen, persönlich die Leitung der außenpolitischen Angelegenheiten zu übernehmen; ferner behielt er die inneren Angelegenheiten und die unvermeidlichen militärischen Ministerien. Praktisch war die einzige damals mögliche neue Lösung eine noch weitergehende Konzentration von Macht und Verantwortung in seinen Händen; sie festigte das Verhältnis Mussolini/Faschismus und beschnitt dem Regime die Möglichkeit eines Überlebens unter einem anderen «Oberhaupt».

Die Zustimmung wurde auf diese Weise unaufhaltsam abgebaut. 200 000 Arbeiter traten in Streik, die Produktion im Herzen der faschistischen Kriegsindustrie wurde vollkommen blockiert; es kam zu antifaschistischen Parolen, auf die die Polizei nur langsam reagierte, und am Ende stand die Kapitulation des Faschismus, der gezwungen war, allen Lohnforderungen der Arbeiter nachzugeben: das waren einige der bezeichnendsten Punkte während der Massenstreikserien im März 1943, der ersten echten Schlappe des Regimes an der inneren Front. Das Gespenst des Klassenkampfes, das seit über zwanzig Jahren exorziert schien, kehrte zurück. Hitler selbst war verblüfft. Für ihn war es undenkbar, daß ein Volk streiken konnte, noch dazu in acht Fabriken, und keiner einzugreifen wagte.[183] Mussolini war erschüttert. Anfangs schien er selbst zu einer Tatsachenanalyse außerstande: *Ich gebe keinen einzigen Centesimo. Wir sind kein Liberalstaat, der sich durch die einstündige Arbeitsruhe in einer Werkstatt erpressen läßt*, hatte er am 11. März vor dem Parteidirektorium behauptet, und dann gab er allen Forderungen der Arbeiter nach. Bei seiner Beurteilung der «inneren Front» schien er verlegen und blieb in der Defensive: . . . *was die geistige Lage der Italiener betrifft, so werdet Ihr bei allen Völkern, die in diesen Konflikt verwickelt sind, vergeblich nach Enthusiasmus suchen . . . Dieses Fordern von Enthusiasmus ist eine idiotische Forderung . . . Viel eher muß man sehen, ob Disziplin herrscht*[184], sagte er außerdem auf jener Sitzung vom 11. März. Er übersah vollkommen die materiellen Wurzeln der politischen Isolation des Regimes und erklärte sich lieber alles mit seiner üblichen tiefen Verachtung der Massen, auch auf die Gefahr, daß eine solche Analyse bestürzend simplifiziert sein mußte: . . . *An der inneren Front gibt es folgende Kategorien: Die Familien der Gefallenen. Ihre Moral ist ganz hoch. Es ist doch klar, daß keine Familie eines Gefallenen den Frieden zu Bedingungen möchte, herbeisehnte oder annähme, die in einer Feststellung der Vergeblichkeit des Opfers bestünde. Die Familien der Frontkämpfer: ausgezeichnete Moral. Die Kriegsheimkehrer: ausgezeichnete Moral. Und dann die Massen der Faschisten. Das ist die beste Kategorie an der inneren Front, die höchststehende. Aber daneben gibt es auch die minderwertigste. Sie besteht aus allen denjenigen, die physisch und moralisch behindert sind, aus denen, die blind, verkrüppelt, zahnlos, schwachsinnig, Drückeberger und Dumm-*

März 1943: Streiks in Turin.
Eine Fotomontage, die zum Symbol der italienischen Arbeiterbewegung wurde

köpfe sind.[185] Die in jenem Frühjahr 1943 eingeleiteten Maßnahmen waren banal und führten zu nichts: er ersetzte Vidussoni durch den «harten» Scorza und entfernte den Polizeichef Senise.

Wirksamer waren die Schachzüge seiner Gegner. Die «rote Gefahr», die durch die März-Streiks heraufbeschworen war, wirkte sich stark beschleunigend auf das königliche Komplott aus. Es mußte gehandelt werden, und zwar schnell. Man mußte den Volksmassen die Initiative für die Niederwerfung des Faschismus aus der Hand nehmen und dafür sorgen, daß der unvermeidlich gewordene Wechsel ohne Erschütterungen vor sich ging. Deutlich zeichnete sich ein Projekt der Krone zur Einsetzung einer Militärregierung ab, die solide repressive Garantien gab und die unbedingte Unterstützung des Heeres hatte. Der Mann, auf den sich schon damals alle Geister einigten, die Alliierten nicht ausgeschlossen, war Badoglio.

Aber auch die Deutschen regten sich. Das Treffen zwischen Mussolini und Hitler in Salzburg im April 1943, bei dem eine gemeinsame Strategie verabredet und die Verpflichtungen im Mittelmeerraum mit denen der Rußland-Front abgestimmt werden sollten, war praktisch fehlgeschlagen. Das einzige konkrete Ergebnis bestand in dem Rat Himmlers an die Italiener, nach dem Vorbild der SS spezielle Milizeinheiten aufzustellen, um die innere Festigkeit des Regimes zu garantieren. Die Deutschen knauserten mit der versprochenen militärischen Unterstützung: am 8.

Mai wurde mit dem Fall von Tunis der italienischen Präsenz in Afrika ein Ende gesetzt. Auf Hitlers Angebot von Divisionen antwortete Mussolini mit der Forderung nach Flugzeugen. Sie verdächtigten sich zum erstenmal gegenseitig. Hitler war überzeugt, daß Mussolini vom Generalstab verraten werde und daß die deutschen Divisionen nur deswegen zurückgewiesen wurden, weil die Italiener planten, sich aus dem Krieg abzusetzen. In den Tagen vom 10. bis 16. Mai bereiteten die Deutschen die Pläne «Alarich» und «Konstantin» vor, in denen die militärische Besetzung Italiens und des Balkans programmiert wurde, falls die Italiener sich aus dem Krieg zurückzogen. Mussolini schien zu dieser Zeit schon nicht mehr mitzuspielen. Der sich abzeichnende militärische Zusammenbruch Italiens verkürzte die Zeiten für den bevorstehenden Zusammenstoß, dessen Protagonisten nur die Deutschen und auf italienischer Seite das Heer und das Königshaus sein würden. Mussolini machte in dieser Phase nur den schwachen Versuch, sich auf diplomatischer Ebene eigenen Raum zu schaffen, um eine politische Lösung des Kriegs herbeizuführen; seine Initiative sah eine gemeinsame italienische, rumänische und ungarische Aktion sowie drastische Säuberungen unter den Präfekten und mittleren Verwaltungsbeamten vor.

Die Lage änderte sich schlagartig, als die Alliierten in der Nacht vom 9. zum 10. Juli auf Sizilien landeten. Jetzt explodierte geradezu der tiefe Gegensatz zwischen den strategischen Bedürfnissen Hitlers – der das deutsche Engagement an der italienischen Front auf ein Minimum reduzieren wollte, ohne das Unvermeidliche zu überstürzen [186] – und den Forderungen des italienischen Generalstabs, der überzeugt war, daß nicht einmal mehr die Verteidigung des nationalen Raums garantiert werden könnte. Von General Ambrosio unter Druck gesetzt und erschüttert über den plötzlichen Zusammenbruch seines ganzen Regime-Apparats, telegrafierte Mussolini am 17. Juli an Hitler und bediente sich eines ungewöhnlich erpresserischen Tons: . . . *die Opferung meines Landes kann nicht den Hauptzweck haben, daß sie den direkten Angriff auf Deutschland hinauszögert. Deutschland ist wirtschaftlich und militärisch stärker als Italien. Mein Land, das in den Krieg drei Jahre eher als vorgesehen und nach zwei Kriegen eingetreten ist, hat sich allmählich mehr und mehr erschöpft, nachdem es seine Hilfsquellen in Afrika, Rußland und auf dem Balkan verbraucht hat. Ich glaube, Führer, die Stunde für eine gemeinsame Lageüberprüfung ist gekommen, um die Konsequenzen zu ziehen, die dem beiderseitigen Interesse und demjenigen jedes Landes am angemessensten sind.* [187] Vielleicht war auch er der Überzeugung, daß der Augenblick da war, aus dem Krieg zu scheiden, aber er wollte das mit Hitlers Zustimmung tun. Mussolini wußte, daß der Faschismus dem gleichzeitigen Stoß der deutschen Reaktion auf einen italienischen Verrat (. . . *und dann ist schnell gesagt: sich von Deutschland absetzen. Wie würde Hitler darauf reagieren? Glaubt Ihr vielleicht, er gäbe uns Handlungsfreiheit?* [188]) und den angloamerikanischen Wünschen nach Bestrafung nicht standhalten konnte.

Die Gelegenheit, dem deutschen Verbündeten eine positive Stellungnahme zu entlocken, bot sich, als Hitler am 19. Juli zu einem Blitzbesuch nach Feltre kam. Aber Mussolinis jahrelange psychologische und politische Unterordnung unter den Führer lieferten ihn dessen Unnachgiebigkeit machtlos aus; er war nicht einmal dazu imstande, Hitler die Forderungen zu unterbreiten, die er mit Ambrosio und den anderen hohen Offizieren ausgearbeitet hatte. Diesmal war er wirklich verloren.

Das nationalsozialistische Programm von Feltre sah folgendes vor: alle Macht dem Duce, die Dynastie sollte an die Wand gespielt werden, mehr deutsche Truppen unter deutschem Oberbefehl sollten zum Einsatz gelangen.[189] Keitels Schlußanträge an Ambrosio sprachen eine ebenso deutliche Sprache: es ging den Deutschen darum, die totale Militärkontrolle des italienischen Schauplatzes in die Hand zu bekommen, um daraus eine Pufferzone für das Deutsche Reich zu machen. An diesem Punkt verschwanden die letzten loyalen Skrupel des italienischen Königs. Vittorio Emanuele III. hatte schon seit etlicher Zeit beschlossen, den Krieg für Italien zu beenden, um seinen Thron zu retten. Aber bis zuletzt hatte auch er gehofft, daß diese Lösung auf schmerzlose Weise und im Einverständnis mit Deutschland herbeigeführt werden könnte. Mussolini selbst hätte die besten Karten in der Hand gehabt, da er persönlich immer noch viel Ansehen bei Hitler besaß. Aber nach Feltre war klar, daß er sich noch nicht zu einem Bruch durchringen konnte. Da entschloß sich der König, wenngleich ungern, selbst zu handeln. Jede weitere Verzögerung würde fatal sein. Die Umwandlung Italiens in einen Satellitenstaat mit Mussolini als Gauleiter schien nur noch eine Frage der Zeit. Und eine solche Umwandlung hätte in jedem Falle den Sturz der Monarchie bedeutet. Also lohnte sich das Risiko, die Ereignisse zu überstürzen und das entscheidende Element für das deutsche Projekt zu eliminieren: Mussolini selbst. Danach würde man auch die Bündnisse umstoßen. Die geeignete Gelegenheit hierzu bot sich dem König, als die faschistischen Parteileiter, insbesondere auf Veranlassung Grandis, von Mussolini die dringende Einberufung des Großen Faschistischen Rates verlangten, der seit Anfang des Krieges nicht mehr zusammengetreten war.

Die Initiative wurde von allen unterschätzt. Die Deutschen glaubten an einen Erfolg der philo-nazistischen Farinacci-Gruppe, die auf diese Weise den Zusammenstoß mit dem «anständigen» Ciano-Flügel vorantreiben wollte. Und Mussolini stimmte der Einberufung mit jenem Anflug von Unduldsamkeit und gelangweiltem Mißmut zu, die er immer bei Vorschlägen seiner Mitarbeiter empfunden hatte. Diese Haltung bewahrte er auch während der ganzen historischen Sitzung in der Nacht des 24. Juli 1943. Der «Tagesbefehl Grandi» erhielt die weitgehende Zustimmung der faschistischen Parteileiter (19 Ja-Stimmen, 7 Nein-Stimmen, 1 Enthaltung, 1 Stimme für den «Tagesbefehl Farinacci») und eine harte persönliche Attacke des Duce: «. . . er fordert die sofortige Wiederherstellung aller Staatsfunktionen, unter Rückgabe der Aufgaben und Verantwortlichkeiten, die unsere staatlichen Gesetze und die Verfassung festlegten, für die Krone, den Großen Rat, die Regierung, das Parlament, die

Korporationen.» Vor allem Mussolinis Rolle als «Condottiero militare» wurde angeprangert. Und doch schien er überhaupt nicht darauf zu reagieren. Er beobachtete ohne die geringste Genugtuung, fast unbeteiligt, die Anstrengungen seiner Getreuen Scorza und Galbiati, die das Stimmergebnis umzustoßen versuchten. Als Grandi am Ende der Sitzung seinen Antrag zur Abstimmung vorschlug, «legte Mussolini das Blatt mit betonter Gleichgültigkeit vor sich hin, ohne ein weiteres Wort, ohne Geste, in schlichter resignierter Haltung und forderte Scorza auf, darüber abstimmen zu lassen»[190].

Diese Verzichtshaltung läßt die Annahme aufkommen, er selbst habe seinen Abgang von der Bühne herbeigewünscht, habe sich eines drückenden Gewichts entledigen wollen und deshalb, vielleicht unbewußt, die Initiative seiner Gegner befürwortet. In Wirklichkeit handelte es sich aber um seine traditionelle Verachtung für die faschistischen Würdenträger. Nach der Sitzung des Großen Rates, während er eine sofortige Audienz beim König beantragte, war er in der Tat noch überzeugt, durch

Die kommunistische Zeitung «Unità»
gibt die Verhaftung Mussolinis bekannt

eine opportune Regierungsumbildung und die Rückdelegierung des militärischen Oberbefehls an den König (er war Mussolini am 10. Juni 1940 übertragen worden) mit Leichtigkeit der Krise Herr zu werden. Während der Stunden, die seiner Begegnung mit dem König vorangingen, verlangte er nach niemandem, traf er keinerlei Vorsichtsmaßnahmen. In der Einsamkeit, die ihn immer umgeben hatte, prüfte er die Maßnahmen, die er dem König unterbreiten wollte, und begab sich, gewissermaßen in unbeschwerter Stimmung, zu ihm.

Aber die Initiative der «gemäßigten» faschistischen Dissidenten war dem König ein bequemer Anlaß für seine Intervention und nötigte ihn allenfalls, den Termin für einen Staatsstreich, der seit langem in allen geringsten Details festlag – wovon die Mehrzahl der faschistischen Parteileiter und Unterzeichner des «Tagesbefehls Grandi» allerdings keine Ahnung hatte –, um einen Tag vorzuverlegen. Mussolini wurde am Nachmittag des 25. Juli in der Villa Savoia verhaftet. Der König gab ihm nicht einmal die Zeit zu reden: «Tut mir leid, tut mir leid, aber es gab keine andere Lösung», lauteten die Worte, mit denen man ihn nach zwanzigjähriger absoluter Hingabe an sein diktatorisches Handwerk verabschiedete.

25. Juli 1943: das Volk feiert auf den Plätzen Italiens

Epilog (1943–1945)

Auf seiten der Faschisten rief der Staatsstreich gar keine Reaktionen hervor. Stütz- und Angelpunkt des Faschismus war die institutionelle Ordnung gewesen, die in einem fortschreitenden Identifizierungsprozeß zwischen Regime und Staat – unter Mussolinis direkter Leitung – die Rolle von Partei und Miliz drastisch beschnitten hatte. Im Augenblick, als sich ausgerechnet die institutionellen Einrichtungen, wie Monarchie, Heer und ministerielle Bürokratie, gegen den Faschismus stellten, fiel dieser in sich zusammen und hatte schon alle politische Bedeutung eingebüßt, ehe er besiegt war. In einem Brief, den Mussolini im Morgengrauen des 26. Juli an Badoglio schrieb, bestätigte er selbst: *... es ist mein Wunsch, Marschall Badoglio zu versichern, auch in Gedanken an die gemeinsame Arbeit in anderen Zeiten, daß ihm von meiner Seite nicht nur keine Schwierigkeiten bereitet werden, sondern ihm jede mögliche Zusammenarbeit zuteil wird.*[191] Als er am 28. Juli zunächst auf die Insel Ponza und später, am 6. August, auf die Insel La Maddalena gebracht wurde, wußte der Duce, daß sein Sturz besiegelt war. Während der «45 Tage» unter Badoglio schien er keineswegs an seiner eigenen Restauration zu arbeiten. Er übersetzte Carduccis «Odi barbare» ins Deutsche, las Nietzsches Werke, die Hitler ihm geschenkt hatte, und unterhielt sich lange mit seinen Wächtern: *Wenn ein Mann zusammen mit seinem System stürzt, dann ist der Fall endgültig, zumal wenn der Mann die Sechzig überschritten hat.*[192] Er fühlte sich müde, alt und nicht mehr dazugehörig. Seine Persönlichkeit und seine Macht waren gleichzeitig in Scherben gegangen. Skorzeny und den deutschen Soldaten, die am 12. September angeflogen kamen, um ihn aus seinem letzten Gefängnis, einem kleinen Hotel auf dem Gran Sasso in den Abruzzen, zu befreien, bat er, nach Rocca delle Caminate heimgebracht zu werden, in seine Feste in der Romagna, wo er sich von Arbeit und Krankheiten zu erholen pflegte. Aber Hitler hatte andere Pläne mit ihm, und er konnte nicht anders als gehorchen.

Am 8. September war der Waffenstillstand zwischen Italien und den Alliierten unterzeichnet worden. Die Flucht des Königs und Marschall Badoglios nach Brindisi und die Aufspaltung des italienischen Gebiets in zwei Besatzungszonen stellte die Deutschen vor die dringende Aufgabe, eine Scheinregierung einzusetzen, die die Kontinuität der Verwaltung des italienischen Staates garantieren und die militärischen Anstrengungen der Achse unterstützen konnte, indem sie den NS-Truppen die nicht im eigentlichen Sinne kriegerischen Aufgaben abnahm. Während der Gefangenschaft Mussolinis hatte Hitler die Unbeständigkeit des politischen Personals der Faschisten und das Fehlen einer glaubhaften Alternative selbst feststellen können. Also zwang man den widerstrebenden Mussolini, der sich selbst für erledigt hielt, an die Spitze einer neuen faschistischen Regierung zu treten, ohne Hoffnungen und Illusionen. Am 15. September wurde bekanntgemacht, daß Benito Mussolini die oberste Leitung des Faschismus in Italien wieder an sich genommen habe. Am 18. September übertrug Radio München Mussolinis erste Rede, am 23. kehrte er nach Italien zurück, am 27. führte er den Vorsitz der ersten Versammlung des Ministerrats, der in Rocca delle Caminate zusammentrat. Es war die Geburtsstunde der Italienischen Sozialen Republik (Repubblica Sociale Italiana), und es war Mussolinis letzter zaghafter Versuch, eine Synthese zwischen den Erinnerungen aus der entfernten militanten Revolutionsvergangenheit und dem mitleidlosen Zynismus einer langvertrauten Diktatorenherrschaft herzustellen.

Dem neuen Regime empfahl Mussolini Treue zum deutschen Bündnis und ein kompliziertes Projekt zur Wiederaussöhnung «unter Italienern» als politisch vorrangig. Aber das eigentliche und nie gelöste Problem bestand darin, wieder eine faschistische Partei zu schaffen, die imstande wäre, Stütze für einen neuen Staat zu sein und wieder einen effizienten «Machtapparat» aufzubauen, der der institutionellen Neuordnung Glaubwürdigkeit verschaffen könnte. Das Fehlen eines Heeres und die schwere Krise der verschiedenen Polizeikorps diskreditierten die neue Republik bei der italienischen Öffentlichkeit und bei den Deutschen. Als Staatsoberhaupt eines «halbierten» Staates, ohne finanzielle Mittel und mit einem Staatsgebiet, dessen Grenzen undefiniert waren und von dem die deutschen Verbündeten selbst zwei Provinzen abgeschnitten hatten (Südtirol und einen Teil der Adriaküste), mit Phantasie-Ministerien, die irgendwo an den Ufern des Gardasees verstreut lagen, und jetzt auch noch «formal» ohne die Autonomie, die er bis zum 25. Juli den Deutschen gegenüber wahren konnte, hätte Mussolini noch einmal Gelegenheit gehabt, seinen revolutionären Glauben in einem originellen und erneuernden politischen Versuch unter Beweis zu stellen. Jetzt, da er frei war von der Verantwortung, die zwanzig Jahre lang seinen ursprünglichen menschlichen Elan und seinen aggressiven Enthusiasmus aus der Zeit der Machtergreifung gelähmt hatten, hätte er es sich gestatten können, die ihm von Hitler übertragene Rolle dynamischer zu interpretieren. Statt dessen ging alles seinen alten Gang, wie in den «zwanzig Jahren».

In dem beschränkten Rahmen innenpolitischer Betätigung, den die Deutschen der RSI (Repubblica Sociale Italiana) gelassen hatten, bildeten die Führer des überlebenden Faschismus gleich zwei entgegengesetzte Lager. Zu deren Identifizierung kann man neofaschistischen Aufzeichnungen einige der unterschiedlichen Politiken entnehmen: auf der einen Seite standen die Befürworter einer Demokratisierung der neuen faschistischen Partei, PFR (Partito Fascista Repubblicana), die einen Dialog mit den «gesunden Kräften» des Antifaschismus anstrebten und revolu-

Die letzte Flucht: Mussolini und Skorzeny am Gran Sasso

tionäre soziale Ziele hatten; auf der anderen Seite die Gruppe Farinacci/ Pavolini (letzterer war der neue Parteisekretär der PFR), die sich in tauber diktatorischer Unnachgiebigkeit abkapselte. Die engsten Mitarbeiter Mussolinis bildeten die auffälligste Schranke für die Soziale Republik, sie waren verantwortlich für das Scheitern der Versuche, die Zustimmung der öffentlichen Meinung zu erhalten, eine Basis der «Massen» zu werden. Diese neofaschistische Interpretation suggeriert für die letzten Monate des Faschismus eine völlige Umkehrung – an den Ursprüngen gemessen – der Rollen seiner traditionellen Komponenten. Im republikanischen Faschismus gesellten sich «revolutionäre» Fermente zu seinem «anständigen», zum Liberalismus tendierenden Flügel; dagegen vertraten die Elemente des Squadrismus konservative und reaktionäre Ziele. Im «progressiven» Lager vereinigten sich revolutionäre Gewerkschaftler und aufgeklärte Konservative, Faschisten aus der Zeit «vor dem Marsch auf Rom», Opfer von zwanzig Jahren politischer Randstellung, Herausgeber großer norditalienischer Tageszeitungen. Aber diese ganze Aufteilung in Progressisten und Konservative hat etwas von ungelöster Ambiguität der Klassenkollaboration in sich. In Wahrheit schien das verbindende Moment bei den sogenannten Progressisten vor allem in dem Wunsch zu bestehen, die Erfahrungen der letzten zwanzig Jahre einer radikalen Selbstkritik zu unterziehen. Die Kritik an der Vergangenheit war das eigentliche Unterscheidungsmerkmal zwischen beiden Lagern.

«Nichts wird geleugnet» und «Wir bleiben Faschisten» lauteten zwei der bezeichnendsten Losungen Farinaccis während der ersten Monate der RSI.[193]

Mussolini schwankte ständig zwischen beiden Lagern, hielt es einmal mit den einen und einmal mit den anderen. Er war unfähig, die Debatte so zu lenken, daß sie ihm eine effektive politische Leitung der Bewegung ermöglicht hätte. Anfangs stand er auf der Seite der Extremisten und war einer der verbissensten Verfechter des «Sichbekennens zu den ganzen zwanzig Jahren Faschismus». Sein Rundschreiben vom 6. Dezember 1943 an die Leiter der Provinzen griff die Pressefreiheit an, die sich in den wirren Tagen nach dem 8. September durchgesetzt hatte. Er bezeichnete sie als *unkontrolliertes Gerede*, das an *Wahlbeeinflussung* und *Anti-Romanität* kranke. Die in einigen faschistischen Kreisen geäußerten Wünsche nach Öffnung tat er als . . . *Ständchen unter den Fenstern von Männern mit den unterschiedlichsten Ideen und Tendenzen, die mit Pistolenschüssen antworten* ab. Man muß denjenigen mißtrauen . . . *die sich bei dem Binom «faschistisch-republikanisch» lediglich oder hauptsächlich an den zweiten Ausdruck halten . . . wir waren und sind und bleiben Faschisten und wir wollen, daß der Akzent auf dem Faschismus liegt*[194]. Dem Extremismus des Parteisekretärs Pavolini und den auf Rache sinnenden Deutschen konzedierte er den Kopf seines Schwiegersohns ohne sichtbare emotionale Anteilnahme: am 11. Januar 1944 wurde Galeazzo Ciano, zusammen mit de Bono, Pareschi, Cianetti und Marinelli nach einem Scheinprozeß in Verona erschossen. Das war der höchste Tribut, den Mussolini der These vom «Verrat» zollen konnte, mit der Farinacci und seine Gruppe alles erklären wollten, was vor und nach dem 25. Juli geschehen war. Als er dann seine politische Linie am Thema der «Sozialisierung» ausrichtete, schwenkte er zur anderen Richtung um. Am 12. Februar verabschiedete der Ministerrat eine Gesetzesverordnung über die «Sozialisierung der Betriebe» (46 Artikel); sie diente zur Durchführung einer «Grundsatz-Prämisse für die Schaffung einer neuen italienischen Wirtschaftsstruktur» (sog. Tarchi-Prämisse vom 13. Januar). Am Vorabend der großen Arbeiterstreiks im März 1944 hatte die Sozialisierung eindeutig demagogische Züge. Ziel der «Prämisse» war, daß der Staat die Leitung der Betriebe in den Hauptsektoren des Landes übernahm. Die Gesetzesverordnung bestätigte das gleiche Konzept auf ähnlich abstrakter Ebene. In der Einleitung wurden die politischen Ziele der Maßnahme unterstrichen: die Überwindung der Klassengegensätze in den Betrieben, Steigerung der Produktionskapazitäten in den einzelnen Sektoren. Es war ein Modell der Klassenzusammenarbeit bei der Betriebsführung, das im Zusammenhang mit dem Scheitern der kollektivistischen Ideologie des Kommunismus zu sehen war. Die Organisationsinstrumente für eine praktische Durchführung der Sozialisierung wurden vollständig ignoriert. Die gesetzgeberische Maßnahme diente im wesentlichen Propagandazwecken. Für Mussolini ging es aber vor allem darum, seine «Rückkehr zu den Ursprüngen» glaubhaft zu machen, wodurch er die Kritiken der Farinacci-Gegner an zwanzig Jahren faschistischer Verwaltung implizite akzeptierte. Die Theoretiker, die ihm hierbei behilflich waren (zu ihnen gehörte auch der kommunistische Überläufer Bombacci), trugen nur dazu bei, seine Ideen noch mehr zu verwirren. Es gab keine Alternativen: auf einem Boden, der seiner geliebten «Tag-für-Tag-Taktik» entrückt war, konnte er nicht bestehen. Von «Sozialisierung» war nicht mehr die Rede. Die wenigen Industrien, in denen die Maßnahme zur praktischen Anwendung kam, gehörten Randsektoren an, etwa der Papierindustrie oder dem Verlagswesen. Die Arbeiter nahmen die Sache mit vollkommener Gleichgültigkeit auf, und die Industriellen, die anfangs sehr alarmiert gewesen waren, verfolgten jetzt einfach eine Obstruktionspolitik, während die Deutschen die Verwirklichung schlechthin sabotierten.

Seiner üblichen Schaukelpolitik folgend, kehrte Mussolini dann zu einer mittleren Position zurück, zur Rolle des Vermittlers zwischen den beiden Seelen des republikanischen Faschismus, und zwar am 16. Dezember 1943 bei seiner Rede im Teatro Lirico von Mailand.

Zu jenem Zeitpunkt hatte der Kampf zwischen den beiden Lagern große polemische Lebhaftigkeit entwickelt, als es um die Alternative zwischen Einheitspartei und politischem Pluralismus ging. In den Reihen der «unnachgiebigen» Faschisten hatte sich – als Reaktion auf den «Verrat» – gleich nach dem 8. September eine klare Ablehnung des Modells der Massenpartei durchgesetzt, die in enger Symbiose mit dem Staat lebte wie die vormalige PNF. Man bevorzugte jetzt eine exklusivere Konzeption: «. . . die Partei muß eine auserlesene Minderheit und keine wurmstichige Mehrheit sein», hatte Farinaccis Zeitung «Regime fascista» schon am 5. Dezember 1943 geschrieben. Dem gemäßigten Flügel des Neo-Faschismus ging es allerdings anfangs einfach darum, die wirksamsten Instrumente für die Zustimmung der öffentlichen Meinung zu finden; sie lehnten eine «Partei der wenigen, aber guten Leute» ab, die in ihrer sektiererischen Logik Kontakte zwischen den faschistischen Führern und der Bevölkerung einschränkte. Im folgenden bildeten sich diese Positionen mehr in pluralistischer Richtung aus, und im Herbst 1944 griffen die namhaftesten italienischen Tageszeitungen, vor allem die Turiner «La Stampa», die Frage auf, indem sie sich mit den zwei Hauptargumenten befaßten: «Die Einheitspartei hat gezeigt, daß sie nicht genügend selektive Fähigkeiten besitzt, was die Führung bestimmter Männer anbetrifft, und daß sie jede Art von Verrat zuläßt»; «. . . es ist nicht gesagt, daß die Distanz zwischen uns und einigen sogenannten Untergrundbewegungen nicht durch offene Gespräche verkürzt oder sogar beseitigt werden könnte.»[195] Auf die lautstarke Reaktion der Extremisten griff auch Mussolini mit einer Stellungnahme im Rundfunk (unter dem Titel *Il sesso degli angeli* [d. h.: eine Anspielung auf die alte Frage, ob Engel männlichen oder weiblichen Geschlechts sind]) vom 3. Dezember 1944 in die Debatte ein.[196] Schon im Titel äußerte sich seine Unduldsamkeit gegen «Haarspalterei» und seine eigene Entscheidung für die unnachgiebige Linie:

. . . Es ist unbegreiflich, warum denjenigen Parteien das Staatsbürgerrecht zuerkannt werden sollte, die im besetzten Italien nicht nur jede Aktivität der

Von der Niederlage gezeichnet

faschistischen Partei verhindern, sondern sie als illegal betrachten . . . Diejenigen, die unser Programm akzeptieren, Italien, Republik, Sozialisierung, können mit uns arbeiten, in unseren Reihen oder außerhalb, mit oder ohne Parteibuch, weiter kann man nicht gehen, war seine Schlußfolgerung. In seiner Rede im Teatro Lirico war er allerdings wesentlich vorsichtiger. Er bekräftigte die These von der Kontinuität, die Farinacci so lieb war: *. . . indem wir uns jetzt noch und für immer Faschisten nennen und uns der Sache des Faschismus weihen, wie wir das von 1919 bis heute getan haben . . . haben wir eine neue Richtung geprägt . . . die Rückkehr zu den Ursprungspositionen.* Die Forderung nach Einberufung einer Konstituante, die vor allem von denjenigen vertreten wurde, die für die Zulassung der legalen Existenz mehrerer Parteien waren, tat er kurz ab: *. . . offen gesagt, fand ich es überflüssig, eine Konstituante einzuberufen, da das Gebiet der Republik angesichts der Entwicklung der militärischen Operationen in keiner Weise als endgültig bezeichnet werden kann.* Aber seine Vorstellungen von der Rolle der PFR im öffentlichen Leben waren wesentlich verschwommener. Er beschränkte sich einfach darauf, zu sagen, daß jegliche Diskussion über die Frage der Parteien-Pluralität unaktuell sei, nachdem das Parteibuch als wesentliches Requisit für den öffentlichen Dienst entfallen sei. Er ließ zu, daß beide Lager sich vollständig mit seiner Rede identifizierten, die allerseits als Wiederaufnahme einer starken politischen Initiative begrüßt wurde. *Wir wollen das Tal des Po mit den Fingernägeln und mit den Zähnen verteidigen; wir wollen, daß das Tal des Po Republik bleibt, in Erwartung, daß ganz Italien republikanisch wird,* schloß er unter dem Beifall seiner Getreuen, denen nicht entgangen war, daß er in seiner Rede härtere, anspruchsvollere Töne angeschlagen hatte, auch gegenüber den deutschen «Herren».[197]

Aber die Rede im Teatro Lirico wurde sein Schwanengesang. Das republikanische Experiment war gescheitert. Auf der sozialen Ebene war es diesmal nicht gelungen, einen ansprechbaren Partner zu finden, der ökonomische Hilfestellung gab und politisches Personal stellte; beides war 1920 bis 1922 von ausschlaggebender Bedeutung gewesen. Die Feindseligkeit der Volksmassen (ab November/Dezember 1943 riß die Streikserie nicht mehr ab, und es gab daneben andere Agitationen, auch außerhalb der Fabriken), die Übereinstimmung der strategischen Interessen des Großbürgertums mit der «aufsteigenden Kraft» des amerikanischen Kapitalismus, die Akzeptierung einer Neuverteilung der Reichtümer der Welt und einer Neuordnung der internationalen Arbeitsteilung: alle diese Fakten zwangen das Regime von Salò, Verwalter des Konsensus einiger dürftiger kleinbürgerlicher Schichten zu sein, die zu selbständiger Mobilmachung nicht imstande waren und keine eigenen Antworten zu finden vermochten. Auf institutioneller Ebene garantierten die Überreste der hier und da am Gardasee verstreuten Ministerien das nackte administrative Überleben eines Staatsapparates: weder die PFR noch die Regierung waren imstande, eine eigenständige politische Linie auszudrücken, da sie durch die deutsche Hegemonie und durch ihr eigenes Unvermögen zu Immobilismus verurteilt waren.

Die entscheidende Stütze der letzten zwanzig Jahre, das Element der Stärke, war zur Ruine geworden. Von dem alten faschistischen Apparat, der effizient und brutal gewesen war, bestand nur noch ein kümmerlicher Rest von fünf oder sechs verschiedenen Polizeikorps, abenteuerliche und unzuverlässige Söldnerscharen, die, in erbarmungslosem Wettbewerb untereinander, zu organischer Koordinierung nicht imstande waren. Das Überhandnehmen des völkischen Widerstands in den Schlüsselregionen der italienischen Industrie (Piemont, Lombardei, Ligurien) und die Tatsache, daß die Bekämpfung dieser Partisanenbewegung in deutsche Hände überging, begruben alle Illusionen der Sozialen Republik, Glaubhaftigkeit zu erringen. Und völligen Schiffbruch hatte auch ein anderer Inbegriff von Stärke des verflossenen Regimes erlitten: der Duce. Der Mythos von Mussolini war ausgeträumt: der alte Staatsmann war nur noch eine groteske Karikatur jener aggressiven Maske, die vom Balkon des Palazzo Venezia die Massenveranstaltungen beherrscht hatte.

Am Ende seines wechselhaften Schicksals traten Mussolinis Schwächen ganz unverhüllt hervor: nicht einmal jetzt war er imstande, in sich die Qualitäten für eine Geste von wirklicher Größe zu finden: auch noch am Ende entschied er sich für die Suche nach einem mühevollen Kompromiß. In den letzten Monaten näherte er sich dem «anständigen» Lager zusehends, das schon seit Frühjahr 1944 daran arbeitete, eine «Brücke» zu den Antifaschisten zu schlagen. Das war die letzte Illusion: er glaubte, wenn er sich auf den Boden der Verteidigung öffentlicher Ordnung, der Wahrung des Privateigentums und des üblichen «antibolschewistischen Kampfes» stellte, könnte er ein Bündnis mit den gemäßigten Kräften des Antifaschismus schließen. Alles in allem versuchte er, noch einmal eine Strecke Wegs zu gehen, die er schon von 1922 her kannte. Aber diesmal war das Ziel nicht die Macht, sondern einfach sein physisches Überleben. Auf diese Hoffnungen baute er für seine Rettung, die ihm in jenen entscheidenden Tagen am meisten am Herzen lag. Von den Deutschen bei den Friedensverhandlungen mit den Alliierten übergangen (er wußte so gut wie gar nichts über Wolffs Kontakte zu der «Schweizer Zentrale» des Allan Dulles), im Mittelpunkt schäbiger Intrigen, die selbst vor einem militärischen Komplott für Mussolinis «Fenstersturz» und anschließende Ersetzung durch General Graziani nicht zurückschreckten, voll bitterer Skepsis über Pavolinis Illusionen, daß es möglich sei, in der Naturfeste des Veltlin-Tals eine letzte Verteidigung des sterbenden Faschismus aufzubauen, setzte er den ihm noch verbliebenen kläglichen Rest politischer Klarsicht in den grotesken Versuch um, eine «Opportunitätsoppositon» ins Leben zu rufen: die berühmte «Brücke» (Ponte). Dieser Bewegung, die im Umfeld der Tageszeitung «L'Italia del popolo» entstanden war, gehörten bizarre Persönlichkeiten an. . . . *Um unsere Feinde irrezuleiten*, sagte Mussolini am 31. März 1945 zu dem deutschen Botschafter von Rahn, *ließ ich zu, daß einige Gegenströmungen ihr Teil zu sagen bekamen, sobald ich annahm, daß der neue Faschismus in Italien stark genug sei.*[198] *Die Leute, die sich jetzt ein Alibi zu schaffen versuchen, werden sich um sie versammeln und somit für das Nationale Befreiungskomitee verloren sein, das wesentlich gefährlicher ist*, sagte Mussolini weiter. Aber das Projekt war hochtrabend und konfus. Außerdem wurde die Zeitung auf Betreiben der Extremisten und der Deutschen eingestellt, und als Mussolini ihr Wiedererscheinen am 22. April autorisierte, war es schon zu spät.

Als Mussolini am 25. April durch Vermittlung von Kardinal Schuster in der erzbischöflichen Kurie von Mailand eine Unterredung mit den Vertretern eben dieses Befreiungskomitees hatte, begriff er, daß die ungeschickten Rettungsversuche der letzten Stunde ihm überhaupt nichts genützt hatten. Am 25. April lehnten sich die wichtigsten Städte des Nordens gegen ihn auf. Die siegreichen alliierten Heere rückten in der ganzen Po-Ebene vor, ohne noch auf irgendwelchen Widerstand zu stoßen. Die Vertreter der Partisanen verlangten, daß Mussolini innerhalb von zwei Stunden bedingungslos kapituliere. Von Graziani hörte er, daß die deutsche Kapitulation unmittelbar bevorstehe. Er hatte keine Chance mehr. Da verließ er den Ort der Verhandlungen mit dem CLN (Comitato di Liberazione Nazionale [Nationales Befreiungskomitee]); er verließ auch Mailand, die Stadt des «ersten Fascio», für immer. Das geschah am 25. April, abends um 20 Uhr.

Mussolini und General Graziani, Heereskommandant der Italienischen Sozialrepublik, bei einer Besichtigung von in Deutschland ausgebildeten italienischen Truppen

Der kriegerische Ehrgeiz des republikanischen Faschismus, einen letzten verzweifelten Widerstand zu leisten, entartete nun zu einer quälenden, ziellosen, verworrenen Flucht, die nur von der krampfhaften Sorge um Rettung diktiert war. Mussolini lief wie eine Maus in der Falle, als er die gewundenen Straßen am Comer See abfuhr, auf denen sich der letzte Akt seines Schicksals abspielte. In Como angekommen, verweilte er dort bis zum Morgengrauen des 27. April. Dann setzte sich eine kleine Kolonne aus Parteiführern und Sekretärinnen mit Dokumenten und Geld und zwei Lastwagen Eskorte deutscher Soldaten in Richtung auf die nahe Schweizer Grenze in Bewegung. Aber Recherchen am Ort ergaben, daß man in die Schweiz nicht gehen konnte. Dem Zug schlossen sich inzwischen noch 200 Mann einer deutschen Flak-Kompanie an. Mit diesen Kräften glaubte man, vielleicht bis in die deutsche Militärzone von Meran vordringen zu können, ohne auf Partisanen-Sperren zu stoßen. Aber am Morgen des 27. April wurde Mussolinis Kolonne von einer kommunistischen Partisanen-Abteilung angehalten. Mussolini wurde in den kleinen

Eine Partisaneneinheit aus dem Sesia-Tal
marschiert auf das befreite Mailand zu

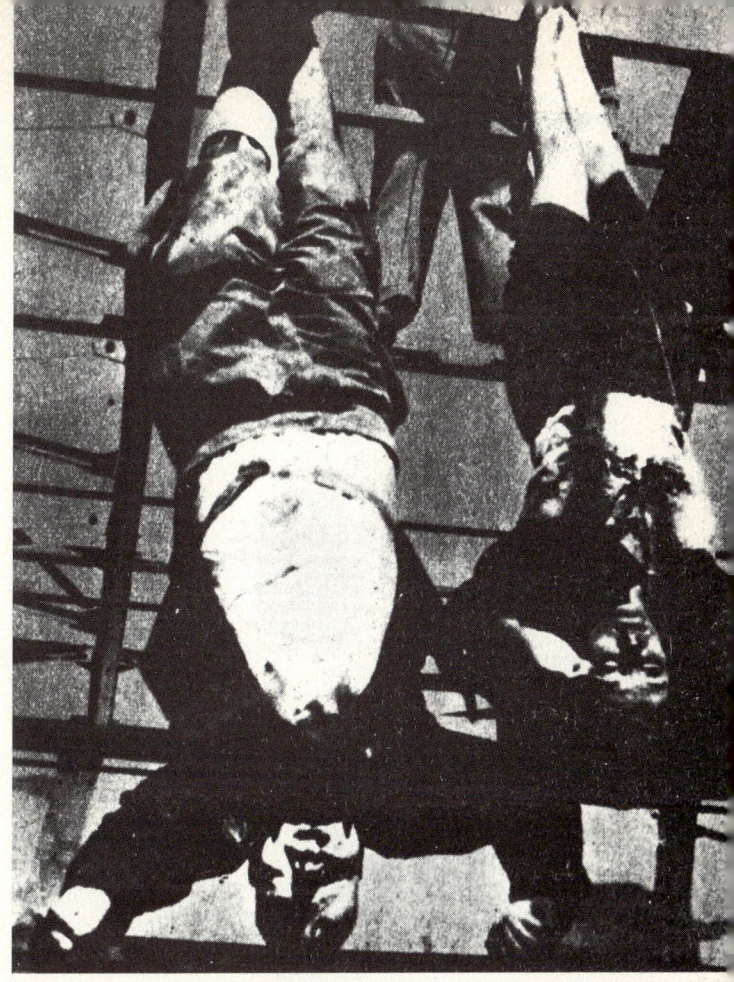

*Die Leichen Mussolinis und Claretta Petaccis in Mailand
auf dem Piazzale Loreto, 28. April 1945*

Ort Dongo gebracht, und dorthin fuhr sofort – von Mailand aus – der
Kommandant «Valerio», mit bürgerlichem Namen Walter Audisio,
Emissär des militärischen Kommandos der Widerstandsbewegung (Comando Militare della Resistanza). «Valerio» überwand das Zaudern der
lokalen Partisanen und ließ sich Mussolini ausliefern. Am Nachmittag des
28. April war alles vorüber. Mussolini und seine Geliebte, Claretta Petacci, die ihm bis zuletzt gefolgt war, wurden erschossen. Um 23 Uhr des
gleichen Abends hingen ihre Leichen, mit dem Kopf nach unten, vom

141

Mast einer Tankstelle auf dem Mailänder Piazzale Loreto; und mit ihnen die Leichen der anderen in Dongo hingerichteten Parteiführer.[199]

Als Mussolini gefangengenommen wurde, trug er einen deutschen Militärmantel und hockte versteckt ganz hinten in einem Lastwagen der deutschen Wehrmacht.

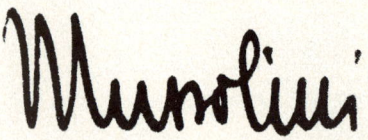

Anmerkungen

Die Verweise bei Mussolini-Zitaten beziehen sich auf die nach Mussolinis Tod veröffentlichten *Opera Omnia*, in der Ausgabe von E. und D. Susmel, 35 Bde. Florenz 1951–1963; der Kürze halber folgt dem Namen Mussolinis sofort die Band-Nummer in römischen Ziffern und die Seitenangabe: im Interesse des Lesers wird jeweils auf den gesamten inhaltlichen Kontext verwiesen, dem das Einzelzitat oder eine Reihe von Zitaten entstammen.

1 Vgl. G. Megaro: «Mussolini dal mito alla realtà.» Mailand 1947. S. 31

2 Für die Jugendjahre Mussolinis steht sehr wenig bibliographisches Material zur Verfügung, das außerdem teilweise verfälscht wurde, um den Duce als «Mann der Vorsehung» hinzustellen (G. Pini und D. Susmel: «Mussolini, l'uomo e l'opera» I. Florenz 1953; Y. De Begnac: «Vita di Mussolini» I. Mailand 1936; *My Autobiography*. London 1939). Außer dem ersten Band der monumentalen Biographie von R. De Felice («Mussolini il rivoluzionario 1883–1920». Turin 1965) wird auf das beachtliche Werk von G. Megaro verwiesen (vgl. Anm. 1), das oft herangezogen wird.

3 Mussolini I, S. 23–25

4 Vgl. zu diesen Zitaten Megaro, a. a. O., S. 91, 97, 102–105

5 Ebd., S. 110

6 Ebd.

7 Mussolini XXXIII, S. 262

8 Der Brief wird zitiert bei De Felice, a. a. O., S. 52

9 Mussolini I, S. 114 f

10 Ebd., S. 164 f

11 Mussolini II, S. 123 f

12 Ebd., S. 53 f

13 Mussolini XXXIII, S. 267

14 Mussolini III, S. 69 f

15 Ebd., S. 25 f

16 Ebd., S. 69 f

17 Mussolini IV, S. 180 f

18 Mussolini III, S. 102 f

19 Ebd., S. 336 f

20 Ebd., S. 349 f

21 Ebd., S. 136 f

22 Mussolini IV, S. 74 f

23 Ebd., S. 61 f

24 Ebd., S. 161 f

25 Zit. bei De Felice, a. a. O., S. 220

26 Mussolini V, S. 163 f

27 Ebd., S. 194 f

28 Zit. bei De Felice, a. a. O., S. 152

29 Im Artikel «Ricominciando, seguitando . . . A proposito di eccidi proletari» in der Zeitschrift «La Critica sociale» 16/1–1/2 (1913), dessen Verfasser nach De Felice (a. a. O., S. 147) Turati ist.

30 C. Treves: «La politica della protesta» (in der gleichen Zeitschrift)

31 F. Turati in dem Artikel «Per ritornare al socialismo» (bezüglich der Mailänder Ereignisse und ihrer Interpretation) in «La Critica sociale» 1–16/6 (1913); vgl. De Felice, a. a. O., S. 169

32 Vgl. N. Bobbio: «L'ideologia del fascismo» in: «Quaderni della Fiap» 14 (1975), S. 22

33 G. Arfè: «Storia del socialismo italiano (1892–1926)». Turin 1965. S. 177f

34 Mussolini VI, S. 287f

35 Ebd., S. 424f

36 Ebd., S. 331f

37 Ebd., S. 424f

38 Unter den Werken, die im Zusammenhang mit den Ursprüngen des Faschismus auch den «Kern» der Mussolinischen Konversion behandeln, verweisen wir – außer De Felice – auch auf B. Vigezzi: «L'Italia di fronte alla guerra mondiale» Bd. 1: «L'Italia neutrale». Mailand 1966; R. Vivarelli: «Il dopoguerra in Italia e l'avvento del fascismo, 1918–1922» Bd. 1. Neapel 1967

39 Mussolini XI, S. 79f

40 Mussolini VIII, S. 199f

41 Mussolini X, S. 55f

42 Ebd., S. 36f

43 Mussolini XI, S. 241f

44 Ebd., S. 282f

45 Mussolini XII, S. 321f

46 Mussolini XIV, S. 46f

47 Mussolini XIII, S. 61f

48 Mussolini XIV, S. 476f

49 Ebd., S. 50f

50 Vgl. hierzu P. Togliatti: «Lezioni sul fascismo». Rom 1970

51 Mussolini XV, S. 182f

52 Vgl. A. Tasca: «Nascita e avvento del fascismo». Florenz 1950

53 Vgl. A. Gramsci: «La reazione» in: «L'Avanti!» vom 17. Oktober 1920

54 Über die Beziehungen zum Heer vgl. G. Rochat: «L'esercito italiano da Vittorio Veneto a Mussolini». Bari 1967

55 Mussolini XVI, S. 283f

56 Ebd., S. 101f

57 Vgl. G. Quazza: «Resistenza e storia d'Italia». Mailand 1976. S. 33

58 Mussolini XVI, S. 431f

59 Über die lokalen Momente der «Revolte» im Innern der faschistischen Bewegung vgl. P. R. Corner: «Il fascismo a Ferrara». Bari 1974; S. Colarizi: «Dopoguerra e fascismo in Puglia, 1919–1926». Bari 1971; R. Colapietra: «Napoli tra dopoguerra e fascismo». Mailand 1962

60 Mussolini XVII, S. 216f

61 Mussolini IV, S. 214f

62 Mussolini XVIII, S. 66f

63 Ebd., S. 347f

64 Zit. von G. De Rosa: «Storia del movimento cattolico». Bari 1966

65 Brief von G. Amendola an C. Cassola, zit. bei R. De Felice: «Mussolini il fascista, 1921–1925» I. Turin 1966. S. 393

66 Mussolini XIX, S. 15f

67 Ebd., S. 241f

68 Vgl. R. Del Carria: «Proletari senza rivoluzione». Mailand 1966. S. 240

69 Vgl. hierzu Togliatti, a. a. O., S. 145

70 Mussolini XIX, S. 195f

71 Zit. bei De Felice, a. a. O., S. 439f

72 Vgl. Togliatti, a. a. O., S. 164

73 Zit. bei De Felice, a. a. O., S. 678

74 Mussolini XX, S. 327f

75 Vgl. P. Monelli: «Mussolini piccolo borghese». Mailand 1959. S. 159

76 Mussolini XXI, S. 56f

77 Ebd., S. 235f

78 Mussolini XXII, S. 8f

79 Ebd., S. 97f

80 Mussolini XXI, S. 253f

81 Ebd., S. 422f

82 Vgl. V. Castronovo: «Il potere economico e il fascismo» in dem Werk verschiedener Verfasser «Fascismo e società italiana». Turin 1975

83 Mussolini XXII, S. 25f

84 Ebd., S. 29f

85 Mussolini XXI, S. 357f

86 Mussolini XXII, S. 265f
87 Mussolini XXI, S. 357f
88 Ebd., S. 280f
89 Ebd., S. 325f
90 Mussolini XXII, S. 29f
91 Ebd., S. 90f
92 Ebd., S. 360f
93 Mussolini XXIV, S. 43f
94 Ebd.
95 Mussolini XXIII, S. 267f
96 Mussolini XXI, S. 357f
97 Mussolini XXIV, S. 5f
98 Ebd.
99 Mussolini XXII, S. 61f
100 Mussolini XXI, S. 357f
101 Mussolini XXV, S. 145f
102 Mussolini XXII, S. 360
103 Zit. bei A. Acquarone: «L'orga-
    nizzazione dello stato totalita-
    rio». Turin 1965. S. 174
104 Mussolini XXIV, S. 132f
105 Ebd.
106 Vgl. Acquarone, a. a. O., S. 167
107 Mussolini XXIV, S. 310f
108 Ebd., S. 278f
109 Mussolini XXII, S. 360f
110 Vgl. G. Quazza: «Resistenza e
    storia d'Italia». Mailand 1976. S.
    184
111 Mussolini XXIII, S. 230f
112 Mussolini XXII, S. 22f
113 Mussolini XXI, S. 315f
114 Ebd., S. 357f
115 Mussolini XXII, S. 169f
116 Mussolini XXIV, S. 108f
117 Mussolini XXII, S. 360f
118 Ebd.
119 Vgl. «Duce e Ducetti». Hg. von
    G. Vettori. Rom 1975. S. 30
120 Mussolini XXII, S. 47f
121 Ebd., S. 68f
122 Vgl. *Dottrina del Fascismo*, unter
    «Fascismo» in «Enciclopedia Ita-
    liana» XIV. Mailand 1932 (zit.
    bei E. Santarelli: «Storia del fa-
    scismo» Bd. 3. Rom 1973. S. 257)
123 Hierzu und im allgemeinen über
    die Wirtschaftspolitik des Fa-
    schismus vgl. Castronovo

(a. a. O.) und E. Fano Damascel-
li: «La restaurazione antifascista
liberista. Ristagno e sviluppo economico durante il fascismo» in:
«Il Movimento di liberazione in
Italia» 104 (1971); P. Grifone:
«Il capitale finanziario in Italia».
Turin 1971
124 V. Foa: «Le strutture economiche
    e la politica economica del regime
    fascista» in dem Werk verschie-
    dener Autoren «Fascismo e anti-
    fascismo». Mailand 1962. S. 280f
125 Acquarone, a. a. O., S. 169
126 Mussolini XXVI, S. 86f
127 Vgl. Anm. 122
128 Mussolini XXIV, S. 258f
129 Vgl. Anm. 123
130 Mussolini XXIII, S. 139f
131 Mussolini XXIV, S. 310f
132 Mussolini XXVIII, S. 136f
133 Interview im «London Daily Ex-
    press» zit. in «Duce e Ducetti»,
    a. a. O., S. 38
134 Mussolini XXI, S. 301f
135 Vgl. Monelli, a. a. O., S. 184
136 Mussolini XXII, S. 8f
137 Ebd., S. 68f
138 Mussolini XXIII, S. 158f
139 Mussolini XXIV, S. 278f
140 Vgl. Castronovo, a. a. O., S. 174
141 Mussolini XXIV, S. 278f
142 Vgl. Anm. 122
143 Hierzu und ganz allgemein zu die-
    ser Gesamtphase des faschisti-
    schen Regimes vgl. Santarelli,
    a. a. O.
144 Mussolini XXV, S. 239f
145 Vgl. G. De Luna: «Badoglio».
    Mailand 1973. S. 138
146 Zum äthiopischen Krieg vgl. A.
    Del Boca: «La guerra in Abissi-
    nia». Mailand 1965
147 Mussolini XXVIII, S. 171f
148 Ebd., S. 175f
149 Vgl. G. Rochat: «Il colonialismo
    italiano». Turin 1973. S. 185
150 Mussolini XXVI, S. 318f
151 Vgl. E. Collotti: «Fascismo e na-

tionalsocialismo» in dem Werk verschiedener Autoren «Fascismo e capitalismo». Mailand 1976. S. 148

152 Mussolini XXVIII, S. 67f

153 Vgl. hierzu D. Mack Smith: «La guerre del duce». Bari 1976. S. 26f

154 Mussolini XXVIII, S. 105f

155 Ebd., S. 248f

156 Dieses Zitat stammt aus *Scritti e discorsi di Benito Mussolini* (Bd. XI, 1938, S. 122), endgültige Ausgabe, veröffentlicht mit offizieller Erlaubnis Mussolinis durch Hoepli; es handelt sich um das Vorwort zur Berliner Rede vom 24. September 1937; dieses ist in den postum veröffentlichten *Opera Omnia* nicht enthalten.

157 Vgl. Anm. 156

158 Mussolini XXIX, S. 185f

159 Mussolini XXVIII, S. 198f

160 Mussolini XXIX, S. 67f

161 Ebd., S. 185f

162 Ebd.

163 Mussolini XXVIII, S. 175f

164 Vgl. De Luna, a. a. O., S. 187

165 Vgl. hierzu V. Castronovo: «Agnelli». Turin 1973

166 Vgl. Anm. 165

167 Mussolini XXIX, S. 74f

168 Mussolini XXVIII, S. 239f

169 Vgl. für diese Zitate G. Ciano: «Diario, I, 1939–1940». Mailand 1963 (unter den Datumseintragungen)

170 Mussolini XXIX, S. 185f

171 Vgl. Ciano, a. a. O., S. 144

172 Mussolini XXIX, S. 350f

173 Vgl. Ciano, a. a. O., S. 156f

174 Über Mussolinis Rolle als Kommandant vgl. außer den bereits zitierten Werken von G. Rochat und G. De Luna auch L. Ceva: «L'Alto Comando da Badoglio a Cavallero» in: «Il Movimento di Liberazione in Italia» 116 (1973)

175 Vgl. Ciano, a. a. O., S. 142

176 Mussolini XXX, S. 49f

177 Vgl. hierzu Santarelli, a. a. O., S. 194f

178 Vgl. R. Battaglia: «La seconda guerra mondiale». Rom 1960. S. 201

179 Vgl. F. W. Deakin: «Storia della repubblica di Salò». Turin 1964. S. 45

180 Mussolini XXXI, S. 134f

181 Ebd., S. 116f

182 Ebd., S. 134f

183 Vgl. Deakin, a. a. O., S. 232

184 Mussolini XXXI, S. 159f

185 Ebd., S. 165f

186 Vgl. Deakin, a. a. O., S. 244

187 Ebd., S. 257

188 Vgl. Ciano, a. a. O., Bd. II, S. 97

189 Vgl. Deakin, a. a. O., S. 397

190 Vgl. G. Bianchi: «25. luglio, crollo di un regime». Mailand 1963

191 Ebd., S. 76

192 Vgl. F. W. Deakin: «Storia della Repubblica sociale italiana». Turin 1963. S. 533

193 Vgl. «Regime fascista» vom 1. Dezember und 3. Dezember 1943

194 Im zentralen Staatsarchiv der italienischen Sozialrepublik, Sondersekretariat des Duce, Geheimpapiere, Umschlag Nr. 59, Heft 147

195 Vgl. P. Parini in den Zeitungsartikeln «Perchè non da oggi?» in «La Stampa» vom 29. November 1944 und «La giusta via» in «La Stampa» vom 5. Januar 1945

196 Mussolini XXXII, S. 120f

197 Ebd., S. 126f

198 Der Brief wird zitiert bei Deakin, a. a. O., S. 602

199 Zu diesen letzten konvulsiven Ereignissen vgl. auch P. G. Murgia: «Il vento del nord». Mailand 1975; G. Bocca: «La repubblica di Mussolini». Bari 1977; S. Bertoldi: «Salò». Mailand 1976

Zeittafel

1883 29. Juli: Benito Mussolini in Dovia, Romagna, geboren.

1904 Dezember: Mussolini tritt seinen Militärdienst beim X. Regiment der Bersaglieri an. Er ist gerade nach zwei Jahren Schweizer Emigration nach Italien zurückgekehrt.

1908 18. Juli: Mussolini wird während des Tagelöhnerstreiks in der Romagna wegen «Bedrohung» verhaftet. Nach der Haftentlassung arbeitet er als Volksschullehrer und Journalist für sozialistische Zeitungen.

1909 Mussolini geht als Sekretär der lokalen Arbeitskammer und Direktor der Zeitung «L'Avvenire del lavoratore» in das damals österreichische Trient. Er wird wegen extremistischer Agitationen ausgewiesen.

1910 Mussolini wird Sekretär der Provinz-Föderation von Forlì und Direktor der lokalen Wochenschrift «La Lotta di Classe».

1911 14. Oktober: Mussolini wird als Anführer einer Revolte in Forlì verhaftet und zu fünfeinhalb Monaten Gefängnis verurteilt. (Entlassen am 14. März 1912.)

1912 7.–10. Juli: Auf dem Sozialisten-Kongreß in Reggio Emilia feurige, antireformistische Intervention Mussolinis, die ihm einen Posten in der Partei-Direktion einbringt. – 10. November: Mussolini wird Direktor des offiziellen sozialistischen Parteiorgans «Avanti!».

1914 21. Oktober: Mussolini tritt als Direktor des «Avanti!» zurück, da er nicht mehr für Italiens Neutralität im Ersten Weltkrieg ist, wie die PSI; am 24. November wird er aus der Partei ausgeschlossen. – 15. November: Mussolinis «persönliche» Zeitung «Il Popolo d'Italia» erscheint zum erstenmal.

1915 24. Mai: Italiens Beitritt zum Ersten Weltkrieg. – 31. August: Mussolini kommt an die Front.

1917 23. Februar: Mussolini wird schwer verwundet.

1919 23. März: Gründung der «Fasci italiani di combattimento» [Kampfbünde] in Mailand. – 11. September: Der Dichter Gabriele d'Annunzio besetzt mit einer Schar Freiwilliger die dalmatische Stadt Fiume (Rijeka). – November: Großer Mißerfolg der faschistischen Listen bei den allgemeinen politischen Wahlen; überwältigender Erfolg der Sozialisten und der katholischen «Popolari».

1920 21. Oktober: Blutbad beim Palazzo d'Accorsio in Bologna: Geburtsstunde des Agrar-Faschismus. Erste gewaltsame Aktionen der faschistischen Squadristen.

1921 13. Mai: Mussolini und 34 andere Faschisten werden bei den politischen Wahlen als Abgeordnete einer Liste des «Nationalen Blocks» gewählt. – 7. November: II. Faschistischer Kongreß in Rom: die Bewegung wird Partei:

PNF, Partito Nationale Fascista.

1922 28. Oktober: Faschistischer «Marsch auf Rom»; Mussolini erhält vom König den Auftrag, eine neue Regierung zu bilden. – 31. Oktober: Erstes Kabinett Mussolini.

1924 6. Mai: Bei den politischen Wahlen erhalten die Faschisten 65 Prozent aller Stimmen. – 10. Juni: Der sozialistische Abgeordnete Giacomo Matteotti wird von einem faschistischen Kommando gekidnapt und ermordet. Allgemeine Empörung und erste Krise der Regierung Mussolini. – 27. Juni: Die Oppositionsparteien bilden die Sezession des Aventin, die wegen ausbleibender Intervention des Königs ohne politische Folgen bleibt.

1925 3. Januar: Mit Mussolinis Rede vor der Kammer Beginn der totalen Diktatur des Faschismus. Zwischen 1925 und 1928 entsteht der «faschistische Staat».

1929 11. Februar: Unterzeichnung der Lateran-Verträge zwischen dem italienischen Staat und dem Vatikan.

1934 Juli: Dollfuß-Mord: Mussolini macht sich zum Garanten der österreichischen Unabhängigkeit.

1935 April: Konferenz in Stresa zwischen Italien, Frankreich und England. – Oktober: Italienischer Angriff auf Äthiopien.

1936 9. Mai: Mussolini proklamiert das Imperium nach der Eroberung von Addis Abeba. – Juli: Italien beteiligt sich am spanischen Bürgerkrieg.

1937 Italien tritt dem Antikomintern-Pakt bei und verläßt den Völkerbund.

1938 29./30. September: Münchner Konferenz: Mussolini hat einen großen persönlichen Erfolg in seiner Rolle als Vermittler.

1939: April: Italien besetzt Albanien. – Mai: Stahlpakt zwischen Italien und Deutschland.

1940 10. Juni: Italien erklärt Frankreich und England den Krieg. – Oktober: Der italienische Angriff auf Griechenland wird ein peinlicher Mißerfolg.

1941 20. Mai: Ende des italienischen Imperiums in Äthiopien. – 22. Juni: Italien erklärt der UdSSR den Krieg.

1943 10. Juli: Die Alliierten landen auf Sizilien. – 25. Juli: Mißtrauensvotum des Großen Rats gegen Mussolini, dem daraufhin vom König seine Ämter genommen werden. Mussolini wird verhaftet. – 8. September: Waffenstillstand zwischen Italien und den Alliierten. – 12. September: Mussolini wird von den Deutschen befreit. – 23.–28. September: Die italienische Sozialrepublik entsteht unter Mussolini als Führer.

1944 10. Juni: Die Alliierten ziehen in Rom ein. Die Deutschen ziehen sich an den Apenninen zurück.

1945 28. April: Mussolini wird – mit seiner Geliebten Claretta Petacci – auf der Flucht von Partisanen erschossen.

Zeugnisse

Piero Gobetti

Man kann ihn sich kaum anders als in der Rolle des kühnen Söldnerführers einer Freischar vorstellen... Sein Sieg erklärt sich hinreichend, wenn man seine entscheidenden taktischen Qualitäten bedenkt, während alle anderen sich desorientiert zeigten.

Ihm fehlt jener typisch moderne Sinn für Ironie; Geschichte versteht er allenfalls in Form von Mythen; die kritische Feinheit des Schöpferischen geht ihm ab, Hauptchrakteristikum des großen Politikers... Er schwankt daher unentschieden zwischen Momenten einer allzu dogmatischen und deshalb plump wirkenden Konsequenz und Überschwenglichkeitsergüssen, die vom anarchischen Standpunkt nicht zu rechtfertigen sind. Er braucht eine Welt, in der vom Söldnerführer nicht verlangt wird, daß er auch Politiker sei.

Aus: «La rivoluzione liberale». 1964

Adolf Hitler

Auch der Duce ist wie ich. Er ist vielleicht noch größer als ich, was seinen Ehrgeiz für das eigene Volk betrifft.

Aus: «The Testament of Adolf Hitler». London 1961

Alfred Rosenberg

Er [der Führer] ist noch ganz berauscht von Venedig. Schätzt die Begeisterung für Mussolini als echt ein... Die Leute ständen gebeugt in Ehrfurcht vor ihm wie vor einem Papst und er nähme die in Italien notwendige cäsarenhafte Pose an. Das falle aber alles in einer persönlichen Unterhaltung ab. Da werde Mussolini menschlich und liebenswürdig.

Aus: «Das Politische Tagebuch» 1934/35
und 1939/40. Göttingen 1956

Winston Churchill

Ich traf Mussolini zweimal im Jahre 1927, und unsere persönlichen Beziehungen waren stets spontan und herzlich.
    Ich leugne nicht, daß er ein großer Mann ist.

Aus: «The Second World War» Bd. VI, 1940

Angelica Balabanoff

Mussolinis Radikalismus und Antiklerikalismus waren mehr der Abglanz seiner häuslichen Umgebung und seines rebellischen Egotismus als das Produkt von Einsicht und Überzeugung. Sein Haß gegen die Unterdrükker war nicht der unpersönliche Haß einem System gegenüber, den alle Revolutionäre teilen. Er rührte vielmehr aus einem Gefühl von Erniedrigung und Enttäuschung, aus seiner Sucht nach Selbstbestätigung und dem Wunsch nach persönlicher Rache.

Aus: «My Life as a Rebel». Berlin 1927

Vittorio Emanuele III.

Ah! das ist ein wirklich gediegener Mann, und ich sage Ihnen, daß der nicht allzu bald wieder geht. Wenn ich nicht irre, ist in ihm der Wille, etwas zustande zu bringen und es gut zu machen.

Aus: Nino D'Aroma, «Vent'anni insieme». 1957

Gaetano Salvemini

Wenn jemand einer Straße folgt, auf der ihn das Gewissen leitet, kann er auch Hilfe annehmen, die ihm geboten wird und die ihm die Durchsetzung seines Zwecks erleichtert. Die tiefe, radikale und unverzeihliche Immoralität Mussolinis liegt in der Tatsache, daß er absichtlich von seiner Straße abwich, um eines persönlichen Vorteils willen.

Aus: «Mussolini diplomatico». 1952

Margherita G. Sarfatti

Immer wenn ich die Verteidigung des Sokrates lese, muß ich an Mussolini denken.

Aus: «Dux». 1932

Papst Pius XI.

Und vielleicht war auch ein Mann erforderlich, wie jener, dem uns die Vorsehung begegnen ließ, ein Mann, der nicht die Sorgen der liberalen Schule hatte.

13. Februar 1929

Antonio Gramsci

Er war damals wie heute der Typ, in dem sich alle Eigenschaften des italienischen Kleinbürgers konzentrieren . . . aufgewachsen inmitten all des Schuttes, den die verschiedenen Jahrhunderte von Fremd- und Priesterherrschaft auf dem italienischen Boden hinterlassen haben. Er konnte nicht der Führer des Proletariats sein; so wurde er der Diktator der Bourgeoisie, die grausame Gesichter liebt, wenn sie wieder bourbonisch-reaktionär wird, die in der Arbeiterklasse das gleiche Grauen erblicken möchte, das sie selbst angesichts der rollenden Augen und der drohend erhobenen Faust empfunden hat . . . Benito Mussolini eroberte und hält die Regierung mit der gewaltsamsten, willkürlichsten Repression. Er brauchte keine Klasse zu organisieren, sondern nur das Verwaltungspersonal. Er hat eigene staatliche Einrichtungen auseinandergenommen, um zu sehen, wie sie gemacht waren, und um das Handwerk für den etwaigen Eigenbedarf zu erlernen. Seine Doktrin ist ganz in seiner physischen Maske enthalten, im Rollen der Augen, in der stets drohend geballten Faust.

Aus: «Capo» in: «Ordine Nuovo» vom 1. März 1924

Bibliographie

Deutschsprachige Werke

1. Bibliographien

Da es bis jetzt keine umfassende Bibliographie Mussolinis in deutscher Sprache gibt, soll hier wenigstens eine englischsprachige angeführt werden.

Delzell, Charles F.: Benito Mussolini. A guide to the biographical literature. In: Journal of modern history 35 (1963), S. 339–353

2. Werke

Schriften und Reden. Autor. Gesamtausg. Hg. von Wilh. Reich. Bd. 1–8. Zürich 1934/35

Reden. Eine Auswahl aus den Jahren 1914–1924. Leipzig–Berlin 1925

Mein Kriegstagebuch. Hg. und übers. von Egon Cäsar Conte Corti. Zürich–Leipzig–Wien 1930

Mussolinis Gespräche mit Emil Ludwig. Mit 8 Bildt. Berlin–Wien–Leipzig 1932

Der Faschismus. Philosophische, politische und gesellschaftliche Grundlehren. Übers. und eingel. von Horst Wagenführ. München 1933

Benito Mussolini und Giovacchino Forzano: 100 Tage. 3 Akte. Übers. von Géza Herczeg. Wien 1933

Die politische und soziale Doktrin des Faschismus. Aus d. Ital. von L. Sels-Geviba. Leipzig 1933

Korporativer Staat. Mit einem Anh.: Die geistigen Grundlagen des Korporations-Systems von Wilh. Reich. Zürich 1934

Das Leben Arnaldos, wie sein Bruder es sieht. Dt. übertr. von Alice Schneider-Didam u. Matilde Fondelli. Rev. u. eingel. von Wilh. Reich. Zürich 1934

Gedanken und Worte. Hg. u. übers. u. m. d. Versuch e. Psychol. d. Staatsmanns, kommentiert von Hans Kafka. Wien 1935

4 Reden über den Korporativstaat. Mit einem Anh., enth. d. «Carta del Lavoro», der hauptsächl. Gesetzestexte und einige Angaben über die syndikal.-korporative Einrichtungen. Rom 1935

Der Fascismus. Lehre und Grundgesetze. Rom 1935

Die Lehre des Faschismus. Dt. von Rolf Schott. Florenz 1937

Vom Kapitalismus zum korporativen Staat. Reden und Gesetze. Eingel. übertr. u. erl. von Erw. von Beckerath, Erich Röhrbein, Ernst Ed. Berger. Köln 1936 (Veröffentlichungen d. Petraca-Hauses. 3,1)

Der Korporationsstaat. Übers. von Rolf Schott. 2. erw. Ausg. Florenz 1938

Geheimer Briefwechsel Mussolini – Dollfuß. Vorw. von Adolf Schärf. Wien 1949

Mussolini antwortet Papst Pius. Zwei Briefe aus dem Jahr 1940. In: Wiking-Ruf 3 (1954)

Claudia Particella. Übers. von EVA MELLINGER. Berlin 1964 (Drei Türme Bücher. 86)

3. Biographien, Gesamtdarstellungen

AVEMARIA, FRDR.: Benito Mussolini. Leipzig 1933

BEHN, FRITZ: Benito Mussolini. Bildnisstudie. Stuttgart 1934

COLLIER, RICHARD: Der Duce: Aufstieg und Fall Benito Mussolinis. München 1974

DIEBOW, HANS, und KURT GOELTZER: Mussolini. Biographie in 110 Bildern. Berlin 1931 (Bilddokumente der Zeit. 2)

DIEL, LUISE: Mussolini. Duce des Faschismus. Nach Dokumenten und Gesprächen. Leipzig 1943

GÖRLITZ, WALTER: Sendung und Macht Mussolini. Geschichte eines Lebens. 2. Aufl. Leipzig 1943

HIBBERT, CHRISTOPHER: Mussolini. Aus d. Engl. übertr. von HANS STEINSDORFF. Frankfurt a. M. 1963

KIRKPATRICK, IVONE AUGUSTINE: Mussolini. Aus d. Engl. übers. von HORST SCHNEIDER. Berlin 1965

KURELLA, ALFRED: Mussolini ohne Maske. Der erste rote Reporter bereist Italien. Berlin 1931

MUSSOLINI, RACHELE: Mussolini ohne Maske: Erinnerungen. Hg. von ALBERT ZARCA. Stuttgart 1974

Mein Leben mit Benito. Zürich 1948

PETRIE, CHARLES: Mussolini. Aus d. Engl. von F. M. THOMAS. Leipzig 1933

PINI, GIORGIO: Benito Mussolini. Übers.: GODFRIED ROOMS. Berlin 1940

RENZI, GUIDO: Endstation Dongo. Mussolinis letzte Tage. Hamburg 1946

ROUX, GEORGES: Der Mann des Schicksals. Benito Mussolini, 20 Jahre später. Wien–München 1966

SARFATTI, MARGHERITA GRASSINI: Mussolini. Lebensgeschichte nach autobiographischen Unterlagen. Hg. von ALFRED M. BALTE. Leipzig 1927

WICHTERICH, RICHARD: Benito Mussolini. Aufstieg, Größe, Niedergang. Stuttgart 1952

4. Untersuchungen zu einzelnen Problemen

ACKERMANN, WERNER: Matteotti besiegt Mussolini. Karlsruhe 1947

BARZINI, LUIGI: Mussolini oder die Grenzen des Schaugewerbes. In: Der Monat 17/1965, H. 205, S. 30–46

BIANCHI, LORENZO: Mussolini als Schriftsteller und als Redner. Köln 1938 (Veröffentlichungen d. Petraca-Hauses. 2,9)

BUCHHEIT, GERT: Mussolini und das neue Italien. 3. Aufl. Berlin 1941

CURTIUS, LUDWIG: Mussolini und das antike Rom. Köln 1934 (Veröffentlichungen d. Petraca-Hauses. 2,4)

DEAKIN, FREDERICK W.: Der Sturz Mussolinis. In: Aus Politik und Zeitgeschichte. Beil. zu Das Parlament 14 (1964), S. 3–40

DIEBITSCH, MAXIM, und INGEBORG ZAHL: Mussolini, Staatsbesuch in Deutschland. In: Die Heimat. Sonderh. Leipzig 1937

DIEL, LUISE: Mussolinis neues Geschlecht. Die junge Generation in Italien. Dresden 1934

DRESLER, ADOLF: Mussolini als Journalist. 2. verm. Aufl. Essen 1939

ELLWANGER, HERMANN: Studien zur Sprache Benito Mussolinis. Heidelberg 1939

ERMARTH, FRITZ: Mussolini. Verfassungsrechtliche Studie über die Regierung Italiens. Tübingen 1932 (Recht und Staat in Geschichte und Gegenwart. 91)

MATTIOLI, GUIDO: Der Flieger Mussolini und sein Werk am Flugwesen. Rom 1937

MEHLIS, GEORG: Der Staat Mussolinis. Die Verwirklichung des korporativen Gemeinschaftsgedankens. Leipzig 1929

Die Idee Mussolinis und der Sinn des Faschismus. Leipzig 1928

MIRGELER, ALBERT: Der Faschismus in der Selbstbeurteilung Mussolinis und seiner journalistischen Mitarb. Hab. Schrift Aachen 1953. Aus: Saeculum 6/1953, H. 1

PAPPENHEIM, HANS EUG.: Mussolinis Wandlung zum Interventionismus. Dresden 1935

RINTELEN, ENNO VON: Mussolini als Bundesgenosse. Erinnerungen des deutschen Militärattachés in Rom 1936–43. Tübingen 1951

TOMPKINS, PETER: Scheidung auf italienisch. Mussolinis Sturz und Italiens Frontwechsel 1943. In: Der Spiegel 21/1967, Nr. 11–14

WILLIS, FREDERICK CHARLES: Mussolini in Deutschland. Berlin 1937

ZAMBONI, GIOVANNI: Mussolinis Expansionspolitik auf dem Balkan. Hamburg 1970 (Hamburger Historische Studien. 2)

5. Beziehungen und Wirkungen

DEAKIN, FREDERICK WILLIAM: Die brutale Freundschaft Hitler, Mussolini und der Untergang des italienischen Faschismus. Aus d. Engl. von KARL RÖMER. Köln 1964

GRAVELLI, ASVERO: Hitler, Mussolini und die Revision. Aus d. Ital. von L. SELS-GEVIBA. Leipzig 1933

HANSEN, HEINRICH: Hitler, Mussolini: Der Staatsbesuch des Führers in Italien. Gießen 1936

LIEBMANN, KURT: Nietzsches Kampf und Untergang in Turin. Nietzsche und Mussolini. Leipzig 1934

LÜTCKE, HEINRICH: Mussolini und Klopstock. Festgabe für das Klopstockhaus in Quedlinburg. Quedlinburg 1937

MAROHN, GERHARD: Benito Mussolini und Friedrich Nietzsche. Erlangen [Dissertation] 1937

MUSSOLINI, VITTORIO: Frauen im Leben meines Vaters. Mit e. biogr. Anh. von HANNS KURTH. Aus d. Ital. von V. F. BRANDSTRÖM WASCHNITIUS. Zug (Schweiz) 1974

PETERS, WILLY ERNST: Benito Mussolini und Leo Tolstoi. Eine Studie über europäische Menschentypen. Tartu (Dorpat) 1928

PETERSEN, JENS: Hitler, Mussolini: Die Entstehung der Achse Berlin–Rom 1933–1936. Tübingen 1973 (Bibliothek des Deutschen Historischen Instituts in Rom. 43)

WILLIS, FREDERICK CHARLES: Männer um Mussolini. München 1932

Namenregister

Die kursiv gesetzten Zahlen bezeichnen die Abbildungen

Über den Autor

Giovanni de Luna ist 1943 in Battipaglia (Salerno) geboren und lebt in Turin. Er arbeitet zur Zeit als Historiker und Forscher am «Nationalen Institut für die Geschichte der Freiheitsbewegung» in Mailand. Bisher veröffentlichte er «Il partito d'Azione e la svolta di Salerno» (Turin 1971) und «Badoglio, un militare al potere» (Mailand 1973). Die vorliegende Arbeit über Benito Mussolini wurde eigens für «rowohlts monographien» geschrieben.

Quellennachweis der Abbildungen

Archiv des Studienzentrums «Piero Gobetti», Turin: 35, 37, 39, 48, 49, 50, 51, 54, 56, 57, 68, 80, 86, 105, 107, 111, 121, 126, 130, 133, 139, 140
Ministerium für Volkskultur: 8, 9, 10, 30, 32, 34, 71, 72, 73, 74, 91
Aus: «L'Illustrazione Italiana»: 75, 93, 118
Aus dem Band: «MVSN, XVII annale»: 78/79, 81
Kollektion Capellino: 6, 11, 44, 70, 83, 87, 95, 100, 102, 113, 129, 136, 141
Aus der satirischen Zeitung «L'Asino»: 45, 59
Aus: «Cesare di Cartapesta» (Pappmaché-Cäsar) Vega 1945, Turin: 61

Zusammenstellung der Fotografien: Cesare Capellino, Turin
Copyright des Bildmaterials: Capellino, Turin

Der für das Bildmaterial Verantwortliche dankt dem Centro Studi Gobetti, Turin, für die freundliche Mitarbeit bei der Forschungsarbeit und Zusammenstellung des Bildmaterials, für die Inanspruchnahme der Bibliothek und des historischen Bildarchivs.